마법의 영어필사 100일

마법의 영어 필사 100일

초판 1쇄 인쇄 2025년 9월 2일
초판 1쇄 발행 2025년 9월 10일

지은이 • 노용환(드래곤)
발행인 • 강혜진
발행처 • 진서원
등록 • 제 2012-000384호 2012년 12월 4일
주소 • (03938) 서울시 마포구 동교로 44-3 진서원빌딩 3층
대표전화 • (02) 3143-6353 | **팩스** • (02) 3143-6354
홈페이지 • www.jinswon.co.kr | **이메일** • service@jinswon.co.kr

마케팅 • 강성우, 문수연 **경영지원** • 지경진
교정교열 • 박유진 | **표지 및 내지 디자인** • 디박스 | **종이** • 다올페이퍼 | **인쇄** • 교보피앤비

◆ 잘못된 책은 구입한 서점에서 바꿔 드립니다.
◆ 이 책에 실린 모든 내용, 디자인, 이미지, 편집 구성의 저작권은 진서원과 지은이에게 있습니다. 허락 없이 복제할 수 없습니다.
◆ 저작권자를 찾지 못한 내용과 사진은 저작권자가 확인되는 대로 저작권법에 해당하는 사항을 준수하고자 합니다. 양해를 구합니다.

ISBN 979-11-93732-26-7 13740
진서원 도서번호 25005
값 22,000원

마법의 영어 필사 100일

하루 10분, 손으로 외우는 수능 영어 명문장

노용환(드래곤) 지음

머리말

"May I speak to YH Roh, please?"

오래전 어느 날, 공채 1기로 입사한 회사에서(한국 삼성과 미국 GE 합작회사) 신입사원 연수를 받고 마케팅 부서에 배치를 받았습니다. 미국 유학을 하려고 토플도 공부하고, 회사 입사 준비를 하며 토익 공부도 했던 터라 영어에 자신이 있었는데, 막상 캐나다 사람에게 전화를 받은 순간 머릿속이 하애졌습니다. 어찌어찌해서 겨우 통화를 끝내고서는 그날 저녁 서점에 들러 전화 영어책과 테이프를 사서 공부를 했던 기억이 지금도 생생합니다.

해외 마케팅 담당자들과 업무를 하는데 생각보다 영어가 많이 필요했습니다. 그때마다 학교 다닐 때 암기했던 좋은 문구나 표현이 생각났고, 당시 영어로 업무하는 데에도 도움이 되었습니다. 기업경영혁신 프로젝트를 총괄하면서는 영어로 되어있는 교육 자료를 번역하여 교육용 교재를 만들기도 했습니다. 그때에도 대학 시절 원서로 공부했던 것이 큰 도움이 되었습니다.

그러다 아이들에게 영어를 가르치게 되면서 어떻게 하면 이해와 개념 위주로 가르칠까에 대한 고민을 많이 했습니다. 찾아낸 방법 중 하나가 단어를 설명하면서 즉석에서 그 단어가 들어간 짧은 표현을 생각해 내어 말하는 활동입니다. "실제 영어 문장에서는 이렇게 쓰인다."라며 학생들의 이해를 돕는 방식으로 수업을 진행했습니다. 독해 수업에서는 좋은 지문들을 학생들에게 소개하고 의미를 설명하는 방식을 취하니 반응도 좋고 효과도 있었습니다.

영어의 꽃인 고등 모의고사나 수능 특강 지문은 출처가 다양한데 내용이 대부분 딱딱해서 학생들이 어려워할 수밖에 없습니다. 그래서 이 책을 만들 때, 누구나 쉽게 접근할 수 있도록 수능에 자주 출제되는 영단어가 포함된 문장이지만 가급적 주제가 선명하고 쉬운 것들로 선별했습니다. 이 책은 하위권에서 최상위권까지 다양한 학생들을 지도하며, 어떻게 하면 삶의 지침이 되면서 학습 효과도 있는 문장을 효과적으로 가르칠 수 있을까 오랫동안 고민했던 과정에서 탄생한 결과입니다.

필사는 머리에 잠시 머물다 사라지는 문장을 내 것으로 만들어 오롯이 나 자신과 만나는 시간입니다. 하루에 단 10분만 투자하면, 좋은 문장을 눈으로 보고, 손으로 쓰면서 마음에 아로 새길 수 있으리라 믿습니다.

믿기지 않으시겠지만, 저는 고등학교 때까지 책을 읽은 기억이 거의 없습니다. 대학교 1학년 동아리 활동을 하면서 책을 좋아하는 선배를 통해 책을 좋아하게 되었습니다. 늦바람이 무섭다고 남들보다 훨씬 늦게 시작한 책 읽기를 통해 나를 만나고, 사람과 세상에 대한 이해를 높여갈 수 있었습니다. 책에서 좋은 문장을 만나면 밑줄을 치고 메모하고 노트에 옮겨 적으면서 마음에 새기고 문장대로 살기 위해 노력해 왔습니다. 인간은 노력하는 한 방황하기 마련이지만, 좋은 문장이 그 가운데 밝은 빛을 비춰줌을 믿습니다.

    무더웠던 지난 여름, 아이들을 가르치고 입시 컨설팅을 하면서 책과 씨름하는 동안 20대의 뜨거웠던 열정이 다시 한번 되살아났습니다. 치열한 입시 현장에서 아이들과 부대끼면서 제게 힘이 되었던 문장들이 여러분에게도 분명 힘이 되리라 확신합니다. 이 책을 준비하면서 수업 시간에 들여다보았던 문장과 여러 유명한 이의 명언이 다시금 되살아나 힘을 얻었고 행복했습니다. 그와 같은 감동이 이 책을 읽는 독자 여러분에게도 온전히 전해질 수 있기를 빌어봅니다.

늘 배우는 삶을 꿈꾸는 **노용환**(드래곤)

목차

머리말　006

목차　009

마법의 영어 필사 1　위로의 시간

Day 001　마음의 평화 ─ 마하 고사난다 & 달라이 라마　018
Day 002　실수는 도전했었다는 증거 ─ 제임스 조이스 & 콘라드 아데나워　020
Day 003　사랑의 대가 ─ 에리히 프롬 & 엘리자베스 2세　022
Day 004　칭찬의 강력한 효과 ─ 랠프 월도 에머슨 & 마크 트웨인　024
Day 005　감정은 파도와 같아서 ─ 아리스토텔레스 & 요나단 모르텐손　026
Day 006　스트레스에 날개를 달아 ─ 한스 세예 & 테리 길러메츠　028
Day 007　끊임없는 변화 ─ 윈스턴 처칠 & 부처　030
Day 008　잠시 전원을 뽑으면 ─ 앤 러모트 & 로빈 샤르마　032
Day 009　음악은 우리를 저 높은 세계로 ─ 빌리 조엘 & 올리브 색스　034

Day 010 어느 정도의 고통이 주는 쾌감 – 프리드리히 니체 & 마르셀 푸르스트 036

Day 011 감정은 때때로 믿을 수 없다 – 달라이 라마 & 프란츠 카프카 038

Day 012 멘토를 찾아서 – 손 히치콕 & 에이미 포일러 040

Day 013 따뜻한 말 한마디 – 마더 테레사 & 오프라 윈프리 042

Day 014 곧바로 반응하기보다는 – 빅터 프랭클 & 블레즈 파스칼 044

Day 015 미소 효과 – 레오나드 니모이 & 윌리엄 앤더슨 046

Day 016 순간을 즐겨요 – 존 레논 & 비비안 그린 048

Day 017 만약 내가 …했더라면 – 마크 트웨인 & 루이스 캐럴 050

Day 018 나 자신을 믿을 것 – 엘리너 루즈벨트 & 웨인 다이어 052

Day 019 소비욕이 샘솟을 때 – 벤저민 디즈레일리 & 벤자민 프랭클린 054

Day 020 행복은 강아지 한 마리처럼 – 찰스 슐츠 & 알버트 슈바이처 056

Day 021 속상할 때는 먹을 게 필요해 – 토마스 제퍼슨 & 프란체스카 애니스 058

Day 022 인생은 자전거 타기다 – 알버트 아인슈타인 & 벤저민 프랭클린 060

Day 023 화를 다스리는 법 – 빌리 그레이엄 & 엘리자베스 케니 062

Day 024 정직함의 무게 – 제임스 하웰 & 제임스 A. 가필드 064

Day 025 사춘기 성장통 – 마야 안젤루 & 랜스 암스트롱 066

마법의 영어 필사 2 자존의 순간

Day 026 가난함이 주는 것 — 마하트마 간디 & 버락 오바마 070

Day 027 자신감이 떨어질 때 — 노먼 빈센트 필 & 젠다야 072

Day 028 나 자신과 타협하지 않는 것 — 제니스 조플린 & 랄프 왈도 에머슨 074

Day 029 능력주의는 허상이다 — 존 우든 & 루 홀츠 076

Day 030 자신의 의무를 아는 사람 — 워런 버핏 & 앤드류 카네기 078

Day 031 자신을 돌보는 일 — 오프라 윈프리 & 엘레노어 브라운 080

Day 032 확실성과 불확실성 — 데일 카네기 & 플리니 장로 082

Day 033 나만의 길을 가자 — 루미 & 단테 알리기에리 084

Day 034 한계를 넘어서려면 — 브루스 리 & 프랭클린 루스벨트 086

Day 035 잠재의식과 두려움 사이 — 조셉 머피 & 베이브 루스 088

Day 036 직관을 따라야 할 때 — 스티브 잡스 & 알프레드 아들러 090

Day 037 먼저 옷장을 정리하고 — 곤도 마리에 & 에드워드 허먼 092

Day 038 행동이 나타내는 것 — 윌리엄 제임스 & 아라비아 속담 094

Day 039 경쟁과 진화 — 루이 파스퇴르 & 찰스 다윈 096

Day 040 자기 주도적인 삶 — 칼 로저스 & 윌리엄 버틀러 예이츠 098

Day 041 진리와 지혜의 시작 — 갈릴레오 갈릴레이 & 아리스토텔레스 100

Day 042 자연의 속도 — 랄프 왈도 에머슨 & 시드니 J. 해리스 102

Day 043 건축물이 우리에게 주는 것 — 윈스턴 처칠 & 아인 랜드 104

Day 044 직관과 통찰 — 칼 융 & 딘 쿤츠 106

Day 045 인생 수업 — 마더 테레사 & 프리드리히 니체 108

Day 046 생존의 기술 — 빅터 프랭클 & 베어 그릴스 110

Day 047 예술의 효용 — 파블로 피카소 & 클로드 모네 112

Day 048 노년기에도 뇌는 변한다 — 마르쿠스 툴리우스 키케로 & 마크 트웨인 114

Day 049 흑백 논리 사이에서 — 조지 버나드 쇼 & 스콧 피츠제럴드 116

Day 050 우리는 우리의 모습대로 본다 — 데이비드 사이먼 & 아나이스 닌 118

마법의 영어 필사 3   관계의 온기

Day 051 여럿이 함께 — 유리피데스 & 찰스 다윈 122

Day 052 자녀는 부모를 보면서 배운다 — 카를로스 카스타네다 & 바바라 존슨 124

Day 053 삶은 협상의 연속 — 마가렛 대처 & 존 F. 케네디 126

Day 054 함께 하는 것만으로도 — 마틴 루터 킹 주니어 & 벤자민 프랭클린 128

Day 055 두 배 더 듣기 위해 — 데일 카네기 & 에픽테토스 130

Day 056 각 사람의 고유함 — 마사 그레이 & 엘리너 루스벨트 132

Day 057 다양한 문화에서 얻을 수 있는 것 — 존 러스킨 & 파블로 피카소 134

Day 058 시선이 달라지면 이야기도 달라진다 — 마크 트웨인 & 파울로 코엘료 136

Day 059 편견 없이 — 앨버트 아인슈타인 & 버트란트 러셀 138

Day 060 거절할 수 있는 용기 — 지그 지글러 & 클라우디아 블랙 140

Day 061 뜻밖의 친절 — 다이애나 스펜서 & 엘리너 루즈벨트 142

Day 062 우리의 얼굴처럼 — 에크하르트 톨레 & 찰스 호턴 쿨리 144

Day 063 우리는 모두 연결되어 있다 — 브레네 브라운 & 닐 디그래스 타이슨 146

Day 064 권위적인 부모 아래 — 로렌스 스타인버그 & 중국 속담 148

Day 065 보이는 게 전부가 아닌 — 마야 안젤루 & 『어린 왕자』 150

Day 066 편집증이 주는 망상 — 아서 D. 흘라바티 & 존 플래그 152

Day 067 전통은 중요하다 — 존 F. 케네디 & 알렉스 퍼거슨 154

Day 068 시너지의 힘 — 스티븐 코비 & 아프리카 속담 156

Day 069 언어의 한계 — 루트비히 비트겐슈타인 & 에드워드 사이드 158

Day 070 인생은 손짓 하나에 바뀌기도 — 레오 버스카글리아 & 칼 로저스 160

Day 071 놀이에서 배우는 것 — 프리드리히 프뢰벨 & 로널드 레이건 162

Day 072 친구는 닮는다 — 짐 론 & 에메리히 카프카 164

Day 073 세상의 양 끝 — 에즈라 클라인 & 넬슨 만델라 166

Day 074 닮고 싶은 사람 — 오프라 윈프리 & 소크라테스 168

Day 075 진정한 참회란 — 존 밀턴 & 존 거스트너 170

마법의 영어 필사 4   성장의 다짐

Day 076   의미 있는 일 — 빅터 프랭클 & 아리스토텔레스   174

Day 077   노력을 대체할 수 있는 것은 없다 — 스티븐 킹 & 토마스 에디슨   176

Day 078   그림은 언제 완성되는가 — 폴 가드너 & 빈센트 반 고흐   178

Day 079   혁신을 하다 보면 — 스티브 잡스 & 일론 머스크   180

Day 080   시간을 관리하는 법 — 피터 드러커 & 샘 레븐슨   182

Day 081   좋은 아이디어 — 토마스 에디슨 & 라이너스 폴링   184

Day 082   글 잘 쓰는 법 — 앤 라모트 & 귀스타브 플로베르   186

Day 083   잠재력을 발휘하려면 — 토마스 에디슨 & 헬렌 켈러   188

Day 084   아무리 천천히 가더라도 — 공자 & 부처   190

Day 085   호기심이라는 강력한 동력 — 월트 디즈니 & 윌리엄 아서 워드   192

Day 086   습관의 힘 — 찰스 C. 노블 & 윌리엄 제임스   194

Day 087   라이벌은 나의 스승 — 마이클 조던 & 밥 프록터   196

Day 088   컨디션 관리가 최고의 자기관리 — 아네트 부디아 & 짐 론   198

Day 089   충분한 잠 — 토마스 데커 & 아일랜드 속담   200

Day 090   더 자세하고 생생하게 — 헨리 포드 & 안톤 체호프   202

Day 091   힘든 시기가 당신을 주저앉힐 수는 있어도 — 조엘 오스틴 & 헬렌 켈러   204

Day 092   미래를 위한 저축 — 벤자민 프랭클린 & 워런 버핏   206

Day 093   몰입, 그 완벽한 순간 — 칼 뉴포트 & 알렉산더 그레이엄 벨   208

Day 094 자기 절제란 — 아리스토텔레스 & 에이브러햄 링컨 210

Day 095 건강한 습관 만들기 — 잭 라렌스 & 캐롤 웰치 212

Day 096 확인 버튼을 누르기 전에 — 영국 속담 & 마르쿠스 아우렐리우스 214

Day 097 매일 1%씩 나아진다면 — 헨리 데이비드 소로 & 존 맥스웰 216

Day 098 꿈을 실현하려면 — 조니 미첼 & 크리스티나 볼드윈 218

Day 099 창의력에 대한 오해 — 케빈 애쉬튼 & 닥터 수스 220

Day 100 위험을 감수한다는 것 — 마크 저커버그 & T.S. 엘리엇 222

Day 001　마음의 평화
Day 002　실수는 도전했었다는 증거
Day 003　사랑의 대가
Day 004　칭찬의 강력한 효과
Day 005　감정은 파도와 같아서
Day 006　스트레스에 날개를 달아
Day 007　끊임없는 변화
Day 008　잠시 전원을 뽑으면
Day 009　음악은 우리를 저 높은 세계로
Day 010　어느 정도의 고통이 주는 쾌감
Day 011　감정은 때때로 믿을 수 없다
Day 012　멘토를 찾아서
Day 013　따뜻한 말 한마디
Day 014　곧바로 반응하기보다는
Day 015　미소 효과
Day 016　순간을 즐겨요
Day 017　만약 내가…했더라면
Day 018　나 자신을 믿을 것
Day 019　소비욕이 샘솟을 때
Day 020　행복은 강아지 한 마리처럼
Day 021　속상할 때는 먹을 게 필요해
Day 022　인생은 자전거 타기다
Day 023　화를 다스리는 법
Day 024　정직함의 무게
Day 025　사춘기 성장통

마법의 영어 필사 1

위로의
시간

Day 001 · 마음의 평화

When you make peace with yourself, you make peace with the world.

(마하 고사난다)

당신이 자신과 화해할 때, 당신은 세상과 화해한다.

―

Do not let the behavior of others destroy your inner peace.

(달라이 라마)

다른 이의 행동이 당신 내면의 평화를 무너뜨리게 하지 마라.

 make peace 평화를 만들다, 화해하다   behavior 행동

달라이 라마(Dalai Lama) : 티베트 불교의 정신적 지도자이자 정치적 지도자를 일컫는 명칭. '달라이 라마'는 대대로 이어지는 칭호이며, 현재 달라이 라마는 제14대 텐진 갸초(Tenzin Gyatso)다. 텐진 갸초는 티베트의 자유와 독립을 위해 노력해왔으며, 이 과정에서 비폭력 평화주의를 확고하게 고수해왔고, 1989년 노벨 평화상을 수상했다.

Day 002 실수는 도전했었다는 증거 ──────────

Mistakes are the portals of discovery.

(제임스 조이스)

실수는 발견으로 가는 문이다.

―

We all live under the same sky, but we don't all have the same horizon.

(콘라드 아데나워)

우리는 모두 같은 하늘 아래 살아가지만, 바라보는 지평선은 서로 다르다.

 horizon 수평선, 지평선 portal 정문, 입구 discovery 발견

포털(portal) 사이트 : 현관문 또는 관문을 뜻하는 '포털(portal)'이라는 단어에서 유래했다. 인터넷 사용자들이 웹에 접속했을 때 가장 먼저 거치게 되는 인터넷의 입구 역할을 하는 웹사이트를 말한다. 네이버, 구글, 야후, 바이두 등이 있다.

Day 003 사랑의 대가

There is no love without pain, no growth of love without suffering.

(에리히 프롬)

고통 없는 사랑은 없고, 시련이 없는 사랑의 성장도 없다.

―

Grief is the price we pay for love.

(엘리자베스 2세)

슬픔은 우리가 사랑한 대가다.

 suffering 고통, 괴로움 grief (특히 누구의 죽음으로 인한) 비탄, 비통 pay for 지불하다

Date   /   /

에리히 프롬(Erich Fromm) : 독일 출신 사회심리학자이자 정신분석학자, 인본주의 철학자. 인간의 본성과 사회적 관계에 대한 통찰을 제시하며, 자유와 사랑이라는 개념을 중심으로 현대 사회의 문제점을 분석했다. 대표 저서로는 『자유로부터의 도피(Escape from Freedom)』 『사랑의 기술(The Art of Loving)』이 있다.

Day 004 칭찬의 강력한 효과

Praise is like sunlight to the human spirit; we cannot flower and grow without it.

(랠프 월도 에머슨)

칭찬은 인간의 정신에 비추는 햇살과 같다. 칭찬이 없으면 우리는 꽃피우고 성장할 수가 없다.

I can live for two months on a good compliment.

(마크 트웨인)

좋은 칭찬 하나면 두 달은 거뜬히 살아갈 수 있다.

praise 칭찬 spirit 정신, 영혼 compliment 칭찬, 찬사

랠프 월도 에머슨(Ralph Waldo Emerson) : 미국의 사상가이자 철학자, 시인. 19세기 미국의 초월주의(Transcendentalism) 운동을 이끈 인물로, 인간의 내면에 있는 신성함과 자연과의 교감을 강조했다. 헨리 데이비드 소로, 월트 휘트먼, 마하트마 간디, 마틴 루터 킹 주니어에게 영감을 주었으며, 미국의 독자적인 사상적 토대를 마련한 인물로 평가받고 있다.

Day 005　감정은 파도와 같아서

Anybody can become angry — that is easy, but to be angry with the right person and to the right degree and at the right time and for the right purpose, and in the right way — that is not within everybody's power and is not easy.

(아리스토텔레스)

화를 내는 것은 누구나 할 수 있다. 그러나 올바른 사람에게, 알맞은 정도로, 적절한 때에, 올바른 목적을 위해, 올바른 방식으로 화를 내는 것은 모든 이가 할 수 있는 일이 아니며 결코 쉽지 않다.

—

Feelings are much like waves, we can't stop them from coming but we can choose which one to surf.

(요나단 모르텐손)

감정은 파도와 같다. 몰려오는 건 막을 수 없지만, 어느 파도를 탈지는 우리가 선택할 수 있다.

 degree 정도　feeling 감정　surf 파도

Date   /   /

독서와 감정 조절 : 감정의 세분화(emotional granularity) 연구에 따르면, 풍부한 감정 어휘가 감정 조절 및 정신 건강과 밀접한 관련이 있음이 밝혀졌다. 독서는 이런 언어 능력과 감정 인식 능력을 키울 수 있는 최고의 수단이다.

 스트레스에 날개를 달아

Give your stress wings and let it fly away.

(테리 길러메츠)

스트레스에 날개를 달아 날려 보내라.

—

Stress is not what happens to us. It's our response to what happens. And response is something we can choose.

(한스 세예)

스트레스의 핵심은 상황이 아니라, 그 상황을 받아들이고 대처하는 우리의 태도다. 스트레스에 대한 반응은 우리가 선택할 수 있는 부분이다.

 stress 스트레스 fly away 날아가다 response 반응, 응답

Date   /   /

명상(meditation) : 마음을 차분히 집중시키고, 순간에 머물며 생각의 흐름을 관찰하는 정신 수련법. 명상은 스트레스 호르몬인 코르티솔 수치를 감소시킨다. 또한 심박수와 호흡을 안정시키고 부교감신경을 활성화하여 자율신경계를 조절할 수 있다. 호흡 명상, 걷기 명상, 감사 명상으로도 기분을 전환할 수 있다.

Day 007 끊임없는 변화

To improve is to change; to be perfect is to change often.

(윈스턴 처칠)

발전은 변화에서 오며, 완성은 끊임없는 변화 속에서 이루어진다.

Change is never painful. Only the resistance to change is painful.

(붓다)

변화 그 자체는 고통스럽지 않다. 변화에 대한 거부가 고통스럽다.

  improve 발전하다   change 변화하다   resistance 거부, 반항

pioneer : 새로운 땅을 개척하거나, 처음으로 어떤 분야에 발을 들인 사람. 기존 질서나 안전한 영역을 떠나, 아무도 가보지 않은 방향으로 나아간 사람을 뜻한다. '개척자에게는 지도가 없다. 오직 방향과 용기뿐.(There is no map for pioneers—only direction and courage.)'

Day 008 · 잠시 전원을 뽑으면

Almost everything will work again if you unplug it for a few minutes, including you.

(앤 러모트)

잠시 전원을 뽑으면 거의 모든 일이 다시 작동한다, 너마저도.

Own your mornings. Elevate your life. Unplug from distraction and focus on what matters.

(로빈 샤르마)

아침을 지배하라. 삶을 높여라. 산만함에서 벗어나 진정 중요한 것에 집중하라.

 own 자신의 elevate 승진시키다 unplug (디지털 매체로부터) 연결을 끊다
distraction 집중을 방해하는 것

디지털 디톡스(digital detox) : 디톡스(detox)는 'detoxification'의 줄임말로, 몸이나 마음에서 독소(toxin)를 제거하는 과정을 뜻한다. 디지털 피로(digital fatigue)에서 벗어나려면 아날로그 활동을 늘리고 디지털 기기 사용을 줄여야 한다.

 음악은 우리를 저 높은 세계로

I think music in itself is healing. It's an explosive expression of humanity. It's something we are all touched by.

(빌리 조엘)

음악은 그 자체가 치유다. 음악은 인간성을 폭발적으로 표현하는 것이며, 우리 모두가 감동 받는 것이다.

—

Music can change lives because it changes emotions.

(올리버 색스)

음악은 감정을 바꾸므로 삶을 바꿀 수 있다.

healing 치유 explosive 폭발적인 expression 표현 humanity 인류

올리버 색스(Oliver Sacks) : 영국 출신 미국 신경학 교수이자 임상 의사. 뇌질환 환자의 독특한 사례를 대중에게 쉽게 설명하는 글쓰기로 유명하다. 대표 저서는 『아내를 모자로 착각한 남자(The Man Who Mistook His Wife for a Hat)』가 있다. 『뮤지코필리아(Musicophilia)』라는 책도 썼는데, 여기에서는 음악이 뇌에 미치는 영향과 음악치료 사례 연구를 소개하였다.

Day 010 어느 정도의 고통이 주는 쾌감

That which does not kill us makes us stronger.

(프리드리히 니체)

고통과 시련은 인간 성장의 필수 조건이다. 고통 없이 인간은 강해질 수 없다.

We are healed of a suffering only by experiencing it to the full.

(마르셀 푸르스트)

우리는 고통을 완전히 경험함으로써만 치유된다.

 heal 치유하다 suffering 고통 experience 경험하다 full 완전히

고통과 쾌락 : 고통을 더 참고 기다릴수록, 뇌는 보상의 쾌락을 더 크게 인식한다. 운동 후의 고통 → 성취감. 강한 마사지 → 시원함. 차가운 물에 발 담그기 → 따뜻함을 더 강하게 느낌. '불편함은 감각의 포문을 열고, 쾌락은 그 틈을 타 들어온다.(Inconvenience opens the door to senses, and pleasure enters through it.)'

Day 011 · 감정은 때때로 믿을 수 없다

Anger and hatred do not lead to lasting happiness. True change begins when the mind opens and compassion arises.

(달라이 라마)

분노와 미움은 감정을 해치지만, 마음을 열고 이해하려 할 때 진정한 변화가 시작된다.

—

Stay calm, and the world will come to you.

(프란츠 카프카)

가만히 있어라. 세상이 너에게 올 것이다.

 anger 분노 hatred 미움 lasting 지속적인 compassion 연민 arise 발생하다

프란츠 카프카(Franz Kafka) : 20세기 초중반 독일어권에서 활동한 체코 출신의 소설가. '부조리(absurdity), 소외(alienation), 불안(anxiety)', 이렇게 세 단어로 작품세계를 요약할 수 있다. 그의 소설 속 주인공들은 알 수 없는 거대한 힘에 의해 고통을 받고, 이해할 수 없는 규칙과 관료제에 맞서 싸우는데 이런 상황을 '카프카적(Kafkaesque)'이라는 형용사로 표현하기도 한다. 대표작으로는 『변신』 『심판』이 있다.

멘토를 찾아서

A mentor empowers a person to see a possible future, and believe it can be obtained.

(손 히치콕)

좋은 멘토는 당신이 가능한 미래를 바라보고, 그것을 이룰 수 있다고 믿도록 힘을 실어준다.

—

Find a group of people who challenge and inspire you. Spend a lot of time with them, and it will change your life.

(에이미 포일러)

당신에게 도전과 영감을 주는 사람들을 찾으라. 그들과 보낸 시간은 당신의 삶을 바꿀 것이다.

 mentor 멘토 empower 권한을 주다 possible 가능성 있는 inspire 영감을 주다

Date   /   /

멘토(mentor) : 호메로스의 서사시 『오디세이아(Odyssey)』에 나오는 인물 멘토르(Mentor)에서 유래한 말. 오디세우스가 트로이 전쟁에 나가 있는 동안 그의 아들 텔레마코스를 돌보고 교육했던 현명하고 신뢰받는 친구. 요즘에는 길잡이, 조언자, 스승이라는 뜻으로 쓰인다.

Day 013 따뜻한 말 한마디 ────────────

Kind words can be short and easy to speak, but their echoes are truly endless.

(마더 테레사)

따뜻한 말은 짧고 쉽게 할 수 있지만, 그 울림은 끝없이 이어진다.

─

The more you praise and celebrate your life, the more there is in life to celebrate.

(오프라 윈프리)

네 삶을 더 많이 칭찬하고 축하할수록, 네 삶에 축하할 일도 더 많아진다.

 echo 울림, 메아리 endless 끝없이 celebrate 축하하다

오프라 윈프리(Oprah Winfrey) : 미국의 방송인, 배우, 프로듀서, 기업가, 자선가. 미국 토크쇼 「오프라 윈프리 쇼(The Oprah Winfrey Show)」의 주인공이다. 1954년 미국 미시시피주에서 태어나 가난과 어려운 가정환경 속에서 성장한 입지전적인 인물이다. 어린 시절 인종차별과 성폭력 등 많은 시련을 겪었고 이런 경험이 그녀의 공감 능력과 강인한 정신력의 밑거름이 되었다.

Day 014 곧바로 반응하기보다는

Between stimulus and response there is a space. In that space lies our power to choose our response. In our response lies our growth and our freedom.

(빅터 프랭클)

자극과 반응 사이에는 공간이 있다. 그 공간에서 우리는 우리의 반응을 선택할 힘을 가진다. 우리의 성장과 자유는 그 반응 속에 있다.

—

The heart has its reasons which reason knows nothing of.

(블레즈 파스칼)

마음에는 이성이 알지 못하는 나름의 이유가 있다.

 stimulus 자극제, 자극   response 반응   space 공간

Date   /   /

빅터 프랭클(Viktor Frankl) : 오스트리아 의사. 제2차 세계대전 홀로코스트 생존자. 로고테라피(Logotherapy)라는 심리치료법을 창시했다. 피할 수 없는 고통에 직면했을 때, 그 고통을 어떻게 받아들일지 선택함으로써 삶의 의미를 찾는다고 했다. '인간에게 모든 것을 빼앗아갈 수 있지만, 마지막 남은 한 가지 자유는 빼앗을 수 없다'는 말로 유명한데 저서로는 『죽음의 수용소에서(Man's Search for Meaning)』가 있다.

Day 015　미소 효과

Smiles are contagious. Be a carrier.
(레오나드 니모이)

웃음은 전염된다. 웃음을 나누어주는 사람이 되어라.

—

A smile is the universal welcome.
(윌리엄 앤더슨)

미소는 누구에게나 통하는 환영 인사이다.

 contagious 전염될 수 있는　carrier 운반하는 사람　universal 전 세계적인

Date   /   /

감정 호르몬 종류 : 1. 세로토닌(Serotonin) | 기분 안정과 행복감 효과. 부족하면 우울증이나 불안 증가. 2. 도파민 (Dopamine) | 보상과 쾌감, 즐거움과 성취감을 느끼게 함. 3. 옥시토신(Oxytocin) | 사랑 호르몬. 신뢰와 유대감 형성에 도움을 주며 모성애 강화. 4. 콜티솔(Cortisol) | 스트레스 호르몬. 긴장과 불안 상태에서 분비되며, 과도하면 부정적인 영향을 끼침. 5. 아드레날린(Adrenaline) | 투쟁 혹은 도피 반응 시 분비. 긴장, 흥분, 경계 상태 유발. 6. 엔도르핀 (Endorphins) | 통증 완화, 행복감 유발. 운동 후 쾌감 촉진.

Day 016 순간을 즐겨요

Life is what happens to you while you're busy making other plans.

(존 레논)

인생은 당신이 다른 계획을 세우느라 바쁠 때 일어나는 일이다.

Life is not about waiting for the storm to pass, but learning to dance in the rain.

(비비안 그린)

인생은 폭풍이 지나가길 기다리는 것이 아니라, 비 오는 날에도 춤추는 법을 배우는 것이다.

 plan 계획 wait for ~을 기다리다 storm 폭풍

카르페 디엠(Carpe Diem) : 고대 로마 시인 호라티우스(Horatius)가 쓴 시에서 유래했다. 라틴어로서 직역하면 '오늘을 잡아라'(Seize the day)라는 뜻이다. 미래를 너무 걱정하거나 과거에 머무르지 말고, 지금 이 순간을 소중히 여기고 즐기라는 뜻이다. 영화 「죽은 시인의 사회(Dead Poets Society)」에서 영어 교사 키팅의 명대사로도 유명하다.

Day 017 만약 내가…했더라면

Twenty years from now you will be more disappointed by the things that you didn't do than by the ones you did do.

(마크 트웨인)

지금으로부터 20년 후, 너를 더 실망하게 만드는 것은 네가 했던 일이 아니라 하지 않았던 일이다.

—

In the end, we only regret the chances we didn't take.

(루이스 캐럴)

결국 후회하는 건, 우리가 잡지 않은 기회들이다.

 disappoint 실망하다　regret 후회하다　chance 기회

마크 트웨인(Mark Twain) : 미국의 소설가로 해학과 풍자를 통해 인간의 탐욕, 사회의 위선, 인종차별 등 다양한 사회 문제를 비판하였으며 미국 문학의 아버지로 불린다. 마크 트웨인은 필명이며 수심을 재는 뱃사람들의 외침인 'Mark Twain!(수심이 두 길(twain)'에서 따온 것이다. 주요 작품은 『톰 소여의 모험(The Adventures of Tom Sawyer)』『허클베리 핀의 모험(Adventures of Huckleberry Finn)』 등이 있다.

Day 018 나 자신을 믿을 것

No one can make you feel inferior without your consent.

(엘리너 루즈벨트)

네 동의 없이는 그 어느 누구도 너를 열등하게 느끼게 할 수 없다.

Self-worth comes from one thing — thinking that you are worthy.

(웨인 다이어)

자존감은 단 한 군데에서 나온다 — 내가 가치 있다고 생각하는 것이다.

inferior 열등하다　consent 동의　self-worth 스스로 느끼는 내재적 가치 측면의 자존감(self-esteem은 자신의 능력, 사회에서의 위치와 평가에 중점을 두는 자존감이다.)　worthy 가치 있는

웨인 다이어(Wayne Dyer) : 미국 자기계발의 아버지. 가난한 가정환경 때문에 어릴 적부터 보육원을 전전했다. 그러나 그는 자신이 부유해질 것이라 굳게 믿었고 여러 직업을 병행하며 공부하다 뉴욕 세인트존스대학교 교수가 되었다. 이 시기에 시작했던 대중 강연이 수천만 부 판매된 그의 저서 『행복한 이기주의자(Your Enormous Zones)』의 개요가 되었다.

Day 019 소비욕이 샘솟을 때

The wise person knows that time is money and that wasting money is wasting life.

(벤저민 디즈레일리)

지혜로운 사람은 시간이 돈이라는 것, 그리고 돈을 낭비하는 것이 곧 삶을 낭비하는 것임을 안다.

—

A penny saved is a penny earned.

(벤자민 프랭클린)

절약이 곧 벌어들인 돈이다.

 waste 낭비하다 penny 페니, 영국의 화폐 단위 save 아끼다 earn 벌다

Date   /   /

가계부(household budget) : 가정의 살림살이를 계산하여 기록하는 장부. 메소포타미아, 이집트, 중국 등 문명 초기부터 점토판이나 종이에 기록하였다. 중세 상인의 복식부기(double-entry bookkeeping)는 모든 거래를 두 개 이상의 계정에 동시에 기록하는 것인데 현대 재무제표의 모태가 되었다. 근대에 와서 가계부는 개인과 가정의 재정 관리 수단으로 정착했고 지금은 디지털화 되고 있다.

행복은 강아지 한 마리처럼

Happiness is a warm puppy.
(찰스 슐츠)

행복은 따뜻한 강아지다.

—

Happiness is the only thing that multiplies when you share it.
(알버트 슈바이처)

행복은 나눴을 때 커지는 유일한 것이다.

 happiness 행복 multiply 곱하다 share 나누다 puppy 강아지

동물 매개 치료(Animal-Assisted Therapy, AAT): 동물을 치료 과정에 적극적으로 활용하여, 사람들의 신체적, 정서적, 사회적, 인지적 건강을 증진시키는 치료법. 반려동물이나 치료용 동물이 환자와 상호작용하면서 심리적 안정감, 동기 부여, 치료를 돕는다. 외상 후 스트레스 장애(PSTD), 자폐증, 불안장애 등 다양한 정신질환 치료에 활용 중이다.

Day 021 속상할 때는 먹을 게 필요해

Nothing will benefit human health and increase chances for survival of life on Earth as much as the evolution to a vegetarian diet.

(토마스 제퍼슨)

채식으로의 변화가 인간의 건강과 지구의 생존 모두에 가장 큰 도움이 된다.

―

Most troubles can be eased by good food and a good night's sleep.

(프란체스카 애니스)

대부분의 문제는 좋은 음식과 숙면으로 완화된다.

 benefit 유익하다 increase 증가하다 survival 생존 evolution 진화
vegetarian diet 채식

Date   /   /

지중해식 식단(Mediterranean diet) : 채소, 과일, 통곡물, 올리브유, 콩류, 생선, 견과류를 중심으로 한 자연 식단. 그리스, 이탈리아, 스페인 등 지중해 연안 국가의 전통적인 식사 습관에서 비롯되었으며, 특히 심혈관 건강에 좋다고 평가받는다. 한식도 채소와 곡물 중심의 건강한 식단으로 인정받고 있다.

Day 022 인생은 자전거 타기다

Life is like riding a bicycle. To keep your balance, you must keep moving.

(알버트 아인슈타인)

인생은 자전거 타는 것과 같다. 균형을 유지하려면 계속 움직여야 한다.

―

Energy and persistence conquer all things.

(벤저민 프랭클린)

에너지와 포기하지 않고 계속 시도하는 것이 성공의 열쇠다.

 persistence 지속됨, 고집 conquer 정복하다 balance 균형

자전거의 탄생 : 1817년 독일의 카를 폰 드라이스(Karl von Drais)가 '드라이스린'이라는 이름의 발명품을 만들었다. 이것이 자전거의 시초다. 당시에는 페달이 없고 발로 땅을 차며 움직이는 목재 기구였다. 이후 페달 자전거가 등장했고, 쇠로 된 바퀴와 체인, 타이어 등 기술이 발달하면서 현대 자전거의 형태로 발전하였다.

Day 023 화를 다스리는 법

Holding onto anger is like drinking poison and expecting the other person to die.

(빌리 그레이엄)

분노를 붙잡고 있는 것은 독을 마시면서 상대가 먼저 죽기를 기대하는 것과 같다.

—

He who angers you conquers you.

(엘리자베스 케니)

당신을 화나게 하는 자가 당신을 지배한다.

 hold onto ~에 매달리다 poison 독

Date   /   /

틱낫한(Thich Nhat Hanh) : 베트남 출신의 선불교 리더. 달라이 라마와 함께 영적 스승으로 존경받는 인물이다. 저서 『화 : 평온한 마음의 기술』에서 화 다루기 4단계를 제시했다. 1. 화났다는 것을 알아차리기 2. 화를 인정하고 받아들이기 3. 숨 쉬기 4. 화가 진정된 뒤에 소통하기

 정직함의 무게

Honesty is the best policy.

(제임스 하웰)

정직이 최선의 방책이다.

―

The truth will set you free, but first it will make you miserable.

(제임스 A. 가필드)

진실은 너를 자유롭게 하겠지만, 그 전에 너를 괴롭게 만들 것이다.

 honesty 정직 policy 방책 truth 진실 set free 자유롭게 하다 miserable 괴롭게 하다

『**가난한 리처드의 연감**(Poor Richard's Almanack)』: 벤자민 프랭클린의 대표적인 저작물로, 당시 식민지 시대 미국에서 큰 판매를 거둔 베스트셀러. 단순한 달력이나 연감이 아니라, 실용적인 지혜와 유머가 가득 담긴 지침서로 근면, 검소, 자립 등의 가치는 아메리칸 드림의 기초를 이루는 데 기여했다. 이 책에 담긴 '정직이 최선의 방책'이란 말은 오래된 격언으로 제임스 하웰이 수집해서 알려졌지만 벤자민 프랭클린이 널리 유포시켰다.

Day 025 사춘기 성장통

Adolescence is a time of self-discovery, where every challenge teaches a lesson about who you are.

(마야 안젤루)

청소년기는 자기 자신을 발견하는 시기이며, 모든 도전이 당신이 누구인지를 알려주는 교훈이 된다.

—

Pain is temporary. Quitting lasts forever.

(랜스 암스트롱)

고통은 일시적이다. 그러나 포기는 영원히 남는다.

 adolescence 청소년기 self-discovery 자기 발견 challenge 도전

Date   /   /

청소년기의 뇌 : 전전두엽(prefrontal cortex)이 성숙하지 않아 충동 조절, 판단, 계획 능력이 미숙하다. 반면 변연계(limbic system)가 활발히 작동해 감정과 보상이 크게 작용하기에 예민하고 충동적이다. 복잡한 인지 기능과 감정 조절 능력도 함께 발달하는 시기이다.

Day 026 　 가난함이 주는 것
Day 027 　 자신감이 떨어질 때
Day 028 　 나 자신과 타협하지 않는 것
Day 029 　 능력주의는 허상이다
Day 030 　 자신의 의무를 아는 사람
Day 031 　 자신을 돌보는 일
Day 032 　 확실성과 불확실성
Day 033 　 나만의 길을 가자
Day 034 　 한계를 넘어서려면
Day 035 　 잠재의식과 두려움 사이
Day 036 　 직관을 따라야 할 때
Day 037 　 먼저 옷장을 정리하고
Day 038 　 행동이 나타내는 것
Day 039 　 경쟁과 진화
Day 040 　 자기 주도적인 삶
Day 041 　 진리와 지혜의 시작
Day 042 　 자연의 속도
Day 043 　 건축물이 우리에게 주는 것
Day 044 　 직관과 통찰
Day 045 　 인생 수업
Day 046 　 생존의 기술
Day 047 　 예술의 효용
Day 048 　 노년기에도 뇌는 변한다
Day 049 　 흑백 논리 사이에서
Day 050 　 우리는 우리의 모습대로 본다

마법의 영어 필사 2

자존의 순간

Day 026   가난함이 주는 것

Poverty is the worst form of violence.

(마하트마 간디)

가난은 최악의 폭력이다.

―

A nation cannot prosper long when it favors only the prosperous.

(버락 오바마)

부유한 사람만 위하는 나라는 오래 번영할 수 없다.

 poverty 가난 violence 폭력 prosper 번영하다 prosperous 번영하는, 번창하는

가난을 뜻하는 단어 : poor 재정적으로 가난한. / needy 애정에 굶주린. / impoverished 질적으로 결핍된, 경제적으로 빈곤한, 교육과 기회가 부족한. / penniless 일시적으로 무일푼 상태의.

Day 027 자신감이 떨어질 때

Believe in yourself! Have faith in your abilities! Without a humble but reasonable confidence in your own powers you cannot be successful or happy.

(노먼 빈센트 필)

자신을 믿어라! 네 능력을 신뢰하라! 겸손하면서도 타당한 자기 확신이 없이는 성공도 행복도 얻을 수 없다.

―

Awards are amazing. They're beautiful recognition of talent, but they don't define you.

(젠다야)

상을 받는다는 건 멋진 일이다. 그건 재능을 인정받는 아름다운 방식이지만, 그것이 당신을 정의하지는 않는다.

  believe in ~을 믿다 ability 능력 reasonable 타당한, 사리에 맞는 confidence 자신감

인정 욕구(Need for approval) : 타인의 인정을 받고 싶은 욕구를 의미한다. 이 표현과 조금 다른 뉘앙스의 말은 다음과 같다. Need for validation 존재나 감정을 인정받고 싶은 욕구. / Craving for attention 관심을 받고 싶은 욕구(다소 부정적 뉘앙스).

나 자신과 타협하지 않는 것

Don't compromise yourself. You're all you've got.

(제니스 조플린)

당신 자신과 타협하지 마. 당신이 가진 건 당신 자신뿐이야.

—

Self-trust is the first secret of success.

(랄프 왈도 에머슨)

자신을 믿는 것이 성공의 첫 번째 비결이다.

 self-trust 자기 신뢰 secret 비밀 compromise 타협하다

니체의 『차라투스트라는 이렇게 말했다』: 편안함과 안일함을 추구하며 세상과 쉽게 타협하는 것에 경종을 부른 책. 인간은 극복되어야 할 그 무엇이며, '최후의 인간'과 '초인'이라는 개념을 통해 이러한 경고를 전달한다. 초인은 기존의 도덕과 가치를 극복하고, 자기 자신의 새로운 가치를 창조하며, 끊임없이 자신을 극복해 나가는 존재이다.

Day 029 능력주의는 허상이다

Ability may get you to the top, but it takes character to keep you there.

(존 우든)

능력이 당신을 최고의 자리로 데려다줄 수는 있어도, 그 자리에 머물게 하는 것은 당신의 인격이다.

—

Ability is what you're capable of doing. Motivation determines what you do. Attitude determines how well you do it.

(루 홀츠)

능력은 당신이 일을 감당해 내는 힘이다. 동기는 당신이 무엇이 할지를 결정한다. 태도는 당신이 얼마나 그 일을 잘할 수 있는가를 결정한다.

 character 인격 be capable of ~에 능력 있는 motivation 동기 determine 결정하다 attitude 태도

능력주의 이데올로기 : 『정의란 무엇인가』의 저자 마이클 샌델(Michael Sandel) 교수는 정의는 단순히 법이나 규칙 준수를 의미하지 않으며, 도덕적이고 윤리적인 올바름이라 말한다. 그는 능력주의가 노력과 재능에 따른 보상을 강조하지만 출발점이 다른 불평등을 무시하고 있으며, 불평등을 정당화하는 현대 사회의 이데올로기라고 비판한다.

Day 030 자신의 의무를 아는 사람

It takes 20 years to build a reputation and five minutes to ruin it. If you think about that, you'll do things differently. Do your duty diligently.

(워런 버핏)

명성을 쌓으려면 20년이 걸리지만 단 5분이면 사라질 수 있다. 당신이 이걸 생각한다면, 지금과는 다르게 일할 것이다. 당신의 의무에 성실히 임하라.

—

Do your duty a little more and the future will take care of itself.

(앤드류 카네기)

당신의 의무에 좀 더 충실히 임한다면, 당신의 미래는 자연스럽게 풀릴 것이다.

 reputation 명성 ruin 망치다 duty 의무 take care of ~을 돌보다

앤드류 카네기(Andrew Carnegie) : 철강왕이라 불리는 미국 기업가. 자신의 회사를 J.P. 모건에게 팔았고 카네기 재단을 설립하여 재산 대부분을 사회에 환원했다. 저서로는 『부의 복음(The Gospel of Wealth)』이 있으며 '가난하게 태어나 부자로 죽는 것은 수치스러운 일'이라는 말을 남겼다.

Day 031 자신을 돌보는 일

Self-care is giving the world the best of you, instead of what's left of you.

(오프라 윈프리)

자기 돌봄은 당신에게 남은 것 대신에 세상에 당신의 최고의 것을 내어주는 것이다.

—

Self-care is not selfish. You cannot serve from an empty vessel.

(엘레노어 브라운)

자기 돌봄은 이기적이지 않다. 텅 빈 그릇으로는 남을 도울 수 없다.

 self-care 자기 돌봄　instead of ~대신에　selfish 이기적인　vessel 그릇

나다움에 관한 명언 : 오스카 와일드(Oscar Wilde)는 이런 명언을 남겼다. '너답게 행동해라. 다른 사람들의 역할은 이미 다른 사람들이 차지했다.(Be yourself; everyone else is already taken.)' 앨런 긴즈버그(Allen Ginsberg)는 좀 더 과격한 말을 남겼다. '내면의 광기를 따라가라. 너의 광기를 숨기지 마라.(Follow your inner moonlight; don't hide the madness.)'

Day 032　확실성과 불확실성

Most of the important things in the world have been accomplished by people who have kept on trying when there seemed to be no certainty at all.

(데일 카네기)

세상의 중요한 일들 대부분은 전혀 확실하지 않아 보일 때도 계속 시도한 사람들에 의해 이루어졌다.

—

The only certainty is uncertainty.

(플리니 장로)

확실한 것은 불확실성뿐이다.

 accomplish 성취하다　keep on 계속 가다　certainty 확실성　uncertainty 불확실성

데일 카네기(Dale Carnegie) : 미국의 자기 계발 전문가. 철강왕 앤드류 카네기를 존경해서 성을 바꿨다는 이야기가 있다. 세일즈맨으로 일하며 얻은 인간관계 노하우로 유명하다. 인간의 가장 깊은 욕망은 중요한 사람이라는 느낌을 받는 것이며 이 욕구를 충족시키고, 타인의 마음을 얻는 구체적인 방법을 제시하였다. 저서는 『인간관계론(How to Win Friends and Influence People)』이 있다.

Day 033 나만의 길을 가자 ────────────

Don't get lost in your pain, know that one day your pain will become your strength. Follow your own way.

(루미)

고통 속에 길을 잃지 마라. 언젠가 그 고통이 당신의 힘이 될 것이다. 당신만의 길을 따르라.

―

Go your own way, and let others talk.

(단테 알리기에리)

너만의 길을 가라. 다른 사람들이 뭐라 하든 놔둬라.

 lost 길을 잃은 strength 힘 follow 따라가다

단테와 셰익스피어 : 단테는 이탈리아 르네상스 문학의 아버지이자 유럽 문학사의 위대한 시인으로 평가받는 인물이다. 라틴어가 주류이던 시절에 이탈리아어로 작품을 써서 현대 이탈리아어의 기초를 다졌으며 중세에서 르네상스로 넘어가는 다리 역할을 한 지성이다. 셰익스피어도 영어로 희곡을 쓰고 영어의 원형을 만들었다. 두 인물 모두 각자의 언어와 문화에서 고전 문학의 기틀을 다졌다.

한계를 넘어서려면 ──────────

Absorb what is useful, discard what is not, add what is uniquely your own. There are no limits.

(브루스 리)

유익한 것은 받아들이고, 쓸모없는 것은 버려라. 그리고 오직 너만의 것을 더하라. 한계란 없다.

—

The only limit to our realization of tomorrow is our doubts of today.

(프랭클린 루스벨트)

내일을 실현하는 데 있어 유일한 한계는 오늘의 의심이다.

 absorb 흡수하다 discard 버리다 add 더하다 uniquely 독특하게 limit 한계
realization 실현

한계를 의미하는 단어 : limit 한계. / boundary 감정적, 개인적 영역의 한계. / constraint 외부적 요인으로 인한 한계. / ceiling 상한선, 최대치. / breaking point 감정적, 육체적으로 버틸 수 있는 한계.

Day 035 잠재의식과 두려움 사이

Your subconscious mind is a powerful force that shapes your reality. Feed it positive thoughts.

(조셉 머피)

당신의 잠재의식은 현실을 만드는 강력한 힘이다. 긍정적인 생각으로 채워라.

—

Don't let the fear of striking out keep you from playing the game.

(베이브 루스)

실패에 대한 두려움 때문에 경기에 참여하는 것을 포기하지 마라.

 subconscious 잠재적인   shape 형성하다   reality 현실

Date   /   /

잠재의식과 무의식 : consciousness 의식. / subconsciousness 잠재의식. 의식 바로 아래 존재하는 상태로, 자각하지는 못하지만 의식과는 어느 정도 연결된 상태. / unconsciousness 완전히 의식이 없는 상태. 기절, 수면과 같은 상태. 정신분석학에서는 심리적으로 깊이 억압된 상태.

Day 036　직관을 따라야 할 때

Have the courage to follow your heart and intuition. They somehow already know what you truly want to become. Everything else is secondary. Let your head and heart guide you.

(스티브 잡스)

네 마음과 직감을 따를 용기를 가져라. 그것들은 이미 네가 진정으로 되고자 하는 바를 알고 있다. 다른 모든 것은 부차적이다. 머리와 가슴이 너를 이끌게 하라.

―

Follow your heart, but take your brain with you.

(알프레드 아들러)

마음을 따르되, 이성을 함께 데리고 가라.

 courage 용기　intuition 직관　secondary 부차적인

『**이성과 감성**(Sense and Sensibility)』: 영국 소설가 제인 오스틴의 소설. 19세기 전후 영국 중상류층의 결혼, 재산, 여성의 사회적 지위 등을 섬세하고 유머러스하게 표현했다. 성향이 다른 두 자매를 통해 이성(Sense)의 삶과 감성(Sensibility)의 삶 사이에서의 선택을 그린다. 이 소설은 여러 차례 영화와 드라마로도 만들어졌다.

먼저 옷장을 정리하고

Keep only those things that speak to your heart. Then take the plunge and discard all the rest.

(곤도 마리에)

마음에 울림을 주는 것만 남기고 나머지는 과감히 버려라.

—

Keep your thoughts clean and your actions clear, and life becomes simpler.

(에드워드 허먼)

생각을 맑게 하고 행동을 분명히 하라, 그러면 삶은 한결 단순해진다.

 thought 생각 simple 단순한 plunge 급락 discard 버리다

자아효능감(self-efficacy) : 심리학자 앨버트 반두라(Albert Bandura)가 제안한 개념. 스스로 특정 과제를 특정 상황에서 특정 행동을 하여 성공적으로 수행할 수 있다는 믿음이나 자신감을 말한다.

Day 038 — 행동이 나타내는 것

The deepest principle in human nature is the craving to be appreciated. Behavior reveals the heart.

(윌리엄 제임스)

인간 본성의 가장 깊은 원리는 인정받고 싶어 하는 갈망이다. 행동은 곧 마음을 드러낸다.

—

A promise is a cloud; fulfillment is rain.

(아라비아 속담)

약속은 구름, 실천은 비.

principle 원리　human nature 인간 본성　crave 갈망하다　appreciate 감사하다

행동경제학(Behavioral economics) : 전통적인 경제학의 한계를 극복하고, 인간의 행동을 정확히 설명하려는 융합 학문. 대표적인 대중서로 『넛지(Nudge)』가 있다. nudge는 팔꿈치로 살짝 찌른다는 의미로, 행동경제학에서는 강제하지 않고 부드럽게 특정 행동을 유도하는 설계나 개입을 의미한다. 소변기에 파리를 그려 넣어 청소하기 쉽게 하는 것이 행동경제학을 활용한 예다.

Day 039 경쟁과 진화

In the fields of observation, chance favors only the prepared mind, and knowledge must evolve.

(루이 파스퇴르)

관찰의 영역에서는 우연도 준비된 마음에만 미소 짓고, 지식은 끊임없이 진화해야 한다.

—

It is not the strongest of the species that survive, nor the most intelligent, but the one most responsive to change.

(찰스 다윈)

가장 강하거나 가장 지적인 종이 생존하는 게 아니라, 변화에 가장 잘 적응하는 종이 생존한다.

 observation 관찰 favor 호의, 친절 knowledge 지식 evolve 진화하다

갈라파고스 제도와 진화론 : 찰스 다윈은 1831년부터 1836년까지 갈라파고스 제도에서 핀치새를 관찰하다가 중요한 사실을 깨달았다. 각 섬에 살고 있는 새의 부리 모양이 달랐는데, 이를 통해 생물이 환경에 따라 적응한다는 생각을 하게 된 것이다. 이 깨달음은 훗날 진화론의 토대가 된 『종의 기원』 출간으로 이어졌다.

Day 040 자기 주도적인 삶

The only person who is educated is the one who has learned how to learn and change. Self-direction is the key.

(칼 로저스)

진정으로 교육받은 사람은 배우고 변화하는 법을 익힌 사람이다. 자기 주도성이 핵심이다.

—

Do not wait to strike till the iron is hot; but make it hot by striking.

(윌리엄 버틀러 예이츠)

쇠가 뜨거워질 때까지 기다리지 말고, 두드려서 뜨겁게 만들어라.

 educate 교육하다 self-direction 자기 주도성 strike 세게 치다

Date   /   /

자기 주도성(self-direction, self-motivation) : 스스로 목표를 세우고, 계획하며, 동기부여가 되어 행동을 주도하는 능력. 누군가의 지시나 외부 압력이 아니라, 자신의 의지와 책임감으로 행동하는 태도와 역량을 뜻한다.

 *Day 041* 진리와 지혜의 시작

All truths are easy to understand once they are discovered; the point is to discover them.

(갈릴레오 갈릴레이)

모든 진리는 일단 발견하기만 하면 이해하기 쉽다. 중요한 것은 진리의 발견이다.

—

Knowing yourself is the beginning of all wisdom.

(아리스토텔레스)

자신을 아는 것이 모든 지혜의 시작이다.

 discover 발견하다　beginning 시작　wisdom 지혜

소크라테스와 '너 자신을 알라' : '너 자신을 알라.(Know thyself.)'는 고대 그리스 델포이 신전의 격언으로 소크라테스와 깊이 연결된 철학적 명제다. 자기 성찰과 자기 인식의 중요성을 강조하며, 자기 인식과 겸손이야말로 진정한 지혜의 출발점임을 강조한다. 소크라테스 제자인 플라톤은 『소크라테스의 변명』을 썼다. 플라톤의 제자 중에는 아리스토텔레스가 있다.

Day 042 자연의 속도

Adopt the pace of nature: her secret is patience and rest.

(랠프 왈도 에머슨)

자연의 속도를 따라라. 그 비밀은 인내와 휴식이다.

—

The time to relax is when you don't have time for it.

(시드니 J. 해리스)

쉴 시간이 없을 때가 바로 쉴 때다.

adopt 쓰다, 취하다   pace 속도   patience 인내   relax 쉬다

상대성 이론과 양자역학 : 자연의 속도 즉, 시간에 대한 연구는 물리학, 생물학, 천문학 등 여러 학문 분야에서 이루어지고 있으며 상대성 이론과 양자역학에서 보다 심층적으로 다뤄진다. 상대성 이론은 거대한 시공간과 중력의 법칙을 설명하고, 양자 역학은 아주 작은 원자와 입자의 세계를 다룬다. 두 이론은 현대 물리학의 두 기둥이지만, 서로 통합되지 않아 물리학자들의 가장 큰 숙제 중 하나로 남아있다.

 건축물이 우리에게 주는 것

We shape our buildings; thereafter they shape us.

(윈스턴 처칠)

우리는 건물을 만들고, 그 후에는 건물이 우리를 만든다.

―

A building has integrity just like a man. And just as seldom.

(아인 랜드)

건축물도 사람처럼 진실성이 있다. 그리고 그것은 드물게 찾아진다.

 building 건물 integrity 진실성 seldom 좀처럼 않는

르 코르뷔지에(Le Corbusier) : 스위스 출신 현대 건축의 선구자. 기능주의적이고 합리적인 도시와 주거 공간을 지향했으며 대표 작품으로 빌라 사보아(Villa Savoye), 롱샹 성당(Chapelle Notre-Dame-du-Haut de Ronchamp) 등이 있다. 유네스코 세계문화유산으로 등록된 그의 건축 작품 17곳이 전 세계에 흩어져 있다.

Day 044 · 직관과 통찰

Intuition does not denote something contrary to reason, but something outside the province of reason.

(칼 융)

직관은 이성에 반대되는 것이 아니라, 이성의 영역 밖에 있는 것을 의미한다.

―

Intuition is seeing with the soul.

(딘 쿤츠)

직관은 영혼으로 보는 것이다.

 Intuition 직관 denote 의미하다, 나타내다 reason 이성 province 분야

Date   /   /

칼 융(Carl Jung) : 스위스 정신과 의사이자 분석심리학의 창시자. 감정과 무의식을 중요하게 보았고, 단순히 논리와 이성만으로는 설명할 수 없는 인간 내면의 깊이를 탐구했다. '나는 내가 알고 있는 것보다 더 많은 것을 느낀다.(I feel more than I know.)'

Day 045　인생 수업

We can do no great things, only small things with great love. Every task becomes meaningful when done with love.

(마더 테레사)

우리는 위대한 일을 할 수 없고, 다만 큰 사랑으로 작은 일을 할 수 있을 뿐이다. 사랑으로 하는 모든 일은 의미를 갖는다.

―

The doer alone learneth.

(프리드리히 니체)

행하는 자만이 배운다.

 task 일　meaningful 의미 있는　alone 혼자, 단독으로　learneth learn (배우다)의 고어

마더 테레사 (Mother Teresa) : 알바니아계 인도인 로마 가톨릭 수녀이자 선교사. 1950년 사랑의 선교회(Missionaries of Charity)를 설립하여 가난, 질병, 고통으로 신음하는 사람들을 돌보는 것을 목표로 했다. 인도 콜카타의 빈민가에서 버려진 아이들, 나병 환자, 죽어가는 사람들을 직접 돌보며 헌신적인 봉사를 이어갔으며 인도 전역과 전 세계로 퍼져나갔다. 1979년에는 공로를 인정받아 노벨평화상을 수상했다.

Day 046 생존의 기술

When we are no longer able to change a situation, we are challenged to change ourselves. That is the true key to survival.

(빅터 프랭클)

상황을 더 이상 바꿀 수 없을 때 우리는 스스로를 바꾸라는 도전을 받는다. 그것이야말로 진정한 생존의 열쇠다.

―

Survival can be summed up in three words— never give up.

(베어 그릴스)

생존은 세 단어로 요약할 수 있다 — 절대 포기하지 마라.

 no longer 이미 ~ 아니다 survival 생존 sum up 요약하다

베어 그릴스(Bear Grylls) : 영국의 전직 특수부대 대원, 생존 전문가, 방송인. 디스커버리 채널 「Man vs. Wild」로 유명해졌다. 현재는 유튜브를 비롯하여 다양한 방송과 저술 활동을 하며 생존 기술과 모험 정신을 알리는 중이다.

예술의 효용

Art washes away from the soul the dust of everyday life.

(파블로 피카소)

예술은 영혼에 쌓인 일상의 먼지를 씻어낸다.

I paint not what I see, but what I feel.

(클로드 모네)

나는 사물을 있는 그대로가 아니라, 느끼는 대로 그린다.

 wash away 씻어내다 dust 먼지 everyday life 일상

클로드 모네(Claude Monet) : 프랑스 인상주의 화가. 빛과 자연의 순간적인 변화, 색채의 생동감을 화폭에 담아내는 데 집중하였다. 세밀한 표현보다는 짧고 빠른 붓질로 색을 겹쳐서 생동감을 주었고 결과적으로 멀리서 보면 자연스럽고 선명하다. 모네는 실외에서 자연을 관찰하며 즉흥적으로 그리는 방식을 시도했고 현대 미술 전반에 큰 영향을 미쳤다. 대표작으로는 「수련 연못」 시리즈, 「인상, 해돋이」가 있다.

Day 048 노년기에도 뇌는 변한다

The harvest of old age is the recollection and abundance of blessing previously secured.

(마르쿠스 툴리우스 키케로)

노년의 수확은 이전에 쌓아온 축복의 기억과 풍요로움이다.

—

Age is an issue of mind over matter. If you don't mind, it doesn't matter.

(마크 트웨인)

나이는 마음가짐의 문제다. 신경 쓰지 않으면 아무 상관 없다.

 harvest 추수, 수확   recollection 기억   abundance 풍부   previously 이전에   secure 안심하는

Date   /   /

neuron(뉴런)의 구조 : 뉴런은 뇌와 신경계의 기본 단위인 신경 세포이며 전기 신호를 주고받으며 정보를 전달한다. 뉴런의 구조는 다음과 같다. 1. 세포체(Cell Body) | 뉴런의 중심, 핵이 있어 세포를 유지. 2. 수상돌기(Dendrites)) | 다른 뉴런으로부터 신호를 받아들이는 가지 같은 부분. 3. 축삭(Axon)) | 신호를 다른 뉴런이나 근육, 기관으로 보내는 긴 선 같은 부분. 4. 시냅스(Synapse)) | 뉴런과 뉴런이 연결되는 접촉점. 여기서 신호가 전달된다.

Day 049 흑백 논리 사이에서

The reasonable man adapts himself to the world; the unreasonable one persists in trying to adapt the world to himself. Life is not black and white.

(조지 버나드 쇼)

이성적인 사람은 세상에 자신을 맞춘다. 비이성적인 사람은 세상을 자기에게 맞추려 고집한다. 삶은 흑과 백으로만 나눌 수 있는 것이 아니다.

―

The ability to hold two opposing ideas at once is the mark of a mature mind.

(스콧 피츠제럴드)

두 개의 상반된 생각을 동시에 품을 수 있는 능력이 성숙한 마음의 표시이다.

 reasonable 이성적인 adapt 맞추다, 조정하다 persist 집요하게 계속하다 oppose 반대하다 mature 성숙한

이분법적 사고(dichotomous thinking)**와 변증법적 사고**(dialectical thinking) : 이분법적 사고는 세상을 흑과 백, 좋음과 나쁨, 옳음과 그름 식으로 두 가지로만 나누어 판단하는 사고방식이다. 반면, 변증법적 사고는 정과 반, 상반되는 요소들이 충돌하고 조화되면서 더 높은 차원의 진리가 나온다고 주장하는 사고방식이다. 헤겔은 변증법적 철학의 창시자이며 정신과학, 사회 심리 등 여러 분야에 영향을 끼쳤다.

Day 050 — 우리는 우리의 모습대로 본다

Reality is ultimately a selective act of perception and interpretation. A shift in our perception and interpretation enables us to break old habits and awaken new possibilities for balance, healing, and transformation.

(데이비드 사이먼)

현실이란 결국 아는 것과 해석의 선택적 행위이다. 우리의 아는 것과 해석이 달라질 때, 낡은 습관을 깨고 균형, 치유, 변화의 새로운 가능성을 열 수가 있다.

—

We don't see things as they are, we see them as we are.

(아나이스 닌)

우리는 사물을 있는 그대로 보지 않고, 우리의 모습대로 본다.

ultimately 궁극적으로   selective 선택적인   perception 지각, 통찰력
interpretation 해석   transformation 변화

선택적 지각(selective perception) : 자신에게 익숙하거나 관심 있는 것만 골라서 인식하는 심리적 현상을 뜻하는 용어. 임신한 가족이 있을 때 길에서 임산부만 보이는 것도 선택적 지각 현상 중 하나다. 인지 편향(cognitive bias)과도 관련이 깊고, 뇌가 복잡한 정보를 단순하게 처리하는 방식에서 자주 나타나는 심리 현상 중 하나이다.

Day 051 여럿이 함께
Day 052 자녀는 부모를 보면서 배운다
Day 053 삶은 협상의 연속
Day 054 함께 하는 것만으로도
Day 055 두 배 더 듣기 위해
Day 056 각 사람의 고유함
Day 057 다양한 문화에서 얻을 수 있는 것
Day 058 시선이 달라지면 이야기도 달라진다
Day 059 편견 없이
Day 060 거절할 수 있는 용기
Day 061 뜻밖의 친절
Day 062 우리의 얼굴처럼
Day 063 우리는 모두 연결되어 있다
Day 064 권위적인 부모 아래
Day 065 보이는 게 전부가 아닌
Day 066 편집증이 주는 망상
Day 067 전통은 중요하다
Day 068 시너지의 힘
Day 069 언어의 한계
Day 070 인생은 손짓 하나에 바뀌기도
Day 071 자유 놀이에서 배우는 것
Day 072 친구는 닮는다
Day 073 세상의 양 끝
Day 074 닮고 싶은 사람
Day 075 진정한 참회란

마법의 영어 필사 3

관계의
온기

여럿이 함께

There is safety in numbers.

(유리피데스)

여럿이 함께하면 안전하다.

Even the weak and timid unite for safety in numbers.

(찰스 다윈)

약하고 소심한 사람들조차 여럿이 함께하면 안전하다.

 in numbers 다수로, 여럿이 safety 안전 unite for ~을 위해 결합하다

다수의 횡포(Tyranny of the majority) : 민주주의 사회에서 다수의 의견이 소수의 권리와 이익을 억압하는 것을 의미. 다수의 횡포를 가장 잘 묘사한 소설은 하퍼 리의 『앵무새 죽이기(To Kill a Mockingbird)』. '다수결의 원칙이 통하지 않는 유일한 한 가지는 바로 양심이다.'

Day 052 자녀는 부모를 보면서 배운다 ───────────

Children learn more from what you are than what you teach.

(카를로스 카스타네다)

아이들은 당신이 가르치는 것보다, 당신이 어떤 사람인지를 통해 더 많이 배운다.

―

To be in your children's memories tomorrow, you have to be in their lives today.

(바바라 존슨)

당신이 자녀의 기억 속에 남으려면 오늘 그들의 삶 속에 있어야 한다.

 children 아이들 learn 배우다 memory 기억

Date   /   /

신교중어언교(身教重於言教) : 부모가 본보기가 되어야 한다는 뜻의 한자성어. 미국 최초 하버드 박사학위를 받은 흑인 인권운동가 듀 보이스(W.E.B. Du Bois)도 비슷한 말을 했다. '아이들은 당신이 가르치는 것보다 당신이 어떤 사람인지로 더 많이 배운다.(Children learn more from what you are than what you teach.)'

Day 053 삶은 협상의 연속

You may have to fight a battle more than once to win it. But negotiation is the first step.

(마가렛 대처)

승리를 위해 한 번이 아니라 여러 번 싸워야 할지도 모른다. 그러나 승리를 위한 첫걸음은 협상이다.

―

Let us never negotiate out of fear. But let us never fear to negotiate.

(존 F. 케네디)

두려움으로 협상하지 말자. 그러나 협상을 두려워하지도 말자.

 battle 싸움 negotiation 협상 out of ~에서

트럼프식 협상 : 『거래의 기술(The Art of the Deal)』은 트럼프가 직접 쓴 협상과 비즈니스 전략서. 그는 협상에서 크게 요구하고 양보의 여지를 만들어 내며 유리한 조건을 끌어내는 빅딜 추구형 협상가(Big-deal negotiator)이기도 하다.

Day 054 — 함께 하는 것만으로도

We must learn to live together as brothers or perish together as fools. Togetherness is the way forward.

(마틴 루터 킹 주니어)

우리는 형제로 함께 살아가는 법을 배워야 한다. 그렇지 않으면 어리석은 자로 함께 멸망할 것이다. 함께 하는 것만이 앞으로 나아가는 길이다.

Tell me and I forget. Teach me and I remember. Involve me and I learn.

(벤자민 프랭클린)

말하면 잊는다. 가르치면 기억한다. 함께 하면 배운다.

perish 멸망하다 fool 어리석은 사람 way forward 나아갈 길, 나아갈 방향

마틴 루터 킹 주니어(Martin Luther King Jr.) : 미국의 목사이자 인권 운동가. 그는 비폭력 저항을 통해 흑인 민권 운동을 이끌었으며, 인종차별 철폐와 평등을 위해 헌신하였다. 1968년 흑인 미화원들의 파업을 지지하러 갔다가 백인 우월주의자에게 저격당해 사망했는데 그의 갑작스러운 죽음은 큰 충격과 분노를 불러일으켰다. 그의 생일인 1월 15일은 미국에서 '마틴 루터 킹 데이'라는 연방 공휴일로 지정되어 현재까지 그의 업적을 기리고 있다.

Day 055 두 배 더 듣기 위해

Listening is an art that requires attention over talent, spirit over ego, others over self.

(데일 카네기)

경청은 기술이 아니라 예술이다. 그것은 재능보다 주의, 자아보다 정신, 자신보다 타인을 필요로 한다.

—

We have two ears and one mouth so that we can listen twice as much as we speak.

(에픽테토스)

우리에게 귀 두 개, 입 하나가 있는 이유는 말하는 것보다 두 배 더 듣기 위해서다.

 require 필요하다 attention 주의, 주목 ego 자아

에픽테토스(Epictetus) : 고대 로마 시대의 스토아 철학자. 노예로 태어나 자유민이 되었고, 이후 철학을 가르치며 수많은 제자들을 양성했다. 그의 철학은 제자들의 기록물인 『담화록(Discourses)』 등을 통해 전해지고 있다. 진정한 자유는 외부 환경에 흔들리지 않는 내면의 평정심에서 온다고 믿었고, 그의 가르침은 우리가 통제 가능한 것과 통제 불가능한 것을 구분하는 데 집중된다.

Day 056 각 사람의 고유함

No one is you and that is your uniqueness.
(마사 그레이)

누구도 당신이 될 수 없으며, 그것이 바로 당신만의 특별함이다.

―

To handle yourself, use your head; to handle others, use your heart.
(엘리너 루스벨트)

자신을 대할 땐 머리를 써라. 타인을 대할 땐 마음을 써라.

 uniqueness 독특함 handle 다루다, 다스리다, 처리하다

엘리너 루스벨트(Anna Eleanor Roosevelt) : 미국 제32대 대통령인 프랭클린 D. 루스벨트의 부인이자, 미국 역사상 가장 영향력 있고 활동적인 영부인. 대통령의 아내를 넘어, 인권 운동가, 사회 개혁가로서 국제적인 영향력을 행사했다. 남편이 소아마비로 몸이 불편해지자, 그의 눈과 귀가 되어 국민의 삶을 살폈다. 남편 사후에 존 F. 케네디 대통령이 그녀를 유엔 미국 대표단으로 임명했고, 미국 평화 봉사단 국가 안보 위원회와 대통령 여성 지위 자문회의 의장으로 활동하는 등 여성의 사회 참여와 권익 향상에도 노력했다.

Day 057 · 다양한 문화에서 얻을 수 있는 것

It is not the quantity of knowledge, but the quality of good sense that matters.

(존 러스킨)

중요한 것은 지식의 양이 아니라, 올바른 판단력의 질이다.

—

The chief enemy of creativity is common sense.

(파블로 피카소)

창의성의 가장 큰 적은 상식이다.

 quantity 양, 분량 quality 질 good sense 판단력 matter 중요하다 chief 주된

commen sense와 good sense : common sense 대부분의 사람이 공통으로 지닌 실용적인 지혜. '비가 올 땐 우산을 가져가는 게 상식이다.(It's common sense to bring an umbrella if it's raining.)' / good sense 특정한 개인이 현명하고 신중한 판단을 하는 능력. '그녀는 위기 상황에서도 침착함으로 좋은 판단력을 보였다.(She showed good sense by staying calm during the crisis.)'

Day 058   시선이 달라지면 이야기도 달라진다

Travel is fatal to prejudice, bigotry, and narrow-mindedness. Broad, wholesome, charitable views of men and things cannot be acquired by vegetating in one little corner of the earth all one's lifetime.

(마크 트웨인)

여행은 편견, 편협 그리고 좁은 마음을 없앤다. 사람과 세상을 향한 넓고 건전하며 관대한 시각은 평생 한 작은 지역에만 머물러서는 얻을 수 없다.

Whenever you judge someone, you lose.

(파울로 코엘료)

누군가를 판단할 때마다, 당신이 지고 있다.

fatal 치명적인   prejudice 편견   bigotry 심한 편견   narrow-mindedness 마음이 좁음, 협량함, 편협함   broad 넓은   wholesome 건강에 좋은, 건전한   charitable 자선을 베푸는   vegetate 별로 하는 일 없이 지내다

라쇼몽 효과(Rashomon effect) : 1950년 일본 감독 아키라 구로사와가 만든 동명의 영화에서 나온 말. 같은 사건을 다른 인물이 보는 관점에 따라 해석이 달라질 수 있음을 뜻하며, 누구의 눈으로 이야기를 보는가가 얼마나 중요한지를 강조한다.

Day 059 편견 없이

Prejudice is a burden that confuses the past, threatens the future, and renders the present inaccessible.

(앨버트 아인슈타인)

편견은 과거를 흐리고, 미래를 위협하며, 현재를 가로막는 짐이다.

―

The trouble with the world is that the stupid are cocksure and the intelligent are full of doubt.

(버트란트 러셀)

세상의 문제는 어리석은 사람들이 자신만만한 반면, 지적인 사람들은 의심으로 가득하다는 것이다.

prejudice 편견 burden 짐 confuse 혼란시키다 threaten 협박하다
render (어떤 상태가 되게) 만들다 inaccessible 접근하기 어려운

버트란트 러셀(Bertrand Russell) : 영국의 철학자, 논리학자, 수학자, 사회운동가이자 20세기에 가장 영향력 있는 지식인 중 한 명. 논리 실증주의와 분석 철학의 발전에 기여했다. 1950년 노벨문학상을 수상했다. 저서로는 『서양 철학서』 『수학의 원리』 『논리와 지식』 『자유로 가는 길』 등이 있다.

거절할 수 있는 용기

Remember that failure is an event, not a person.
Rejection is not a reflection of your worth.

(지그 지글러)

실패는 사건일 뿐 사람 자체가 아니다. 거절은 당신의 가치에 대한 평가가 아니다.

—

Saying no can be the ultimate self-care.

(클라우디아 블랙)

'아니오'라고 말하는 것이 최고의 자기 돌봄이 될 수 있다.

 failure 실패 rejection 거절 reflection (거울 등에 비친) 모습

『미움받을 용기』: 일본의 심리학자 기시미 이치로와 철학자 고가 후미타케가 공저한 자기계발서. 아들러 심리학을 바탕으로 '남에게 인정받기 위해 살지 말고 자신의 인생을 주체적으로 살아가라'는 메시지를 담고 있다. 알프레드 아들러는 오스트리아 출신의 심리학자이자 정신의학자로, 개인심리학의 창시자다.

Day 061 뜻밖의 친절

Carry out a random act of kindness, with no expectation of reward.

(다이애나 스펜서)

보상을 기대하지 말고, 뜻밖의 친절을 베풀라.

You gain strength, courage, and confidence by every experience in which you really stop to look fear in the face. Kindness strengthens the soul.

(엘리너 루즈벨트)

두려움과 마주 서는 순간마다, 당신은 힘과 용기, 그리고 자신감을 얻는다. 그리고 친절은 영혼을 강하게 만든다.

 kindness 친절함 fear 두려움 strengthen 강하게 하다

악수의 기원(Handshake) : 악수의 유래는 기원전 5세기 고대 그리스까지 거슬러 올라간다. 악수한다는 건 무기를 들고 있지 않으며 상대방을 공격하지 않겠다는 뜻이다. 로마에서는 팔을 잡는 형태로 했는데, 역시 상대방에게 위협을 가할 목적이 없다는 것을 보여준다.

 우리의 얼굴처럼

Awareness is the greatest agent for change. Self-reflection allows awareness to blossom.

(에크하르트 톨레)

깨달음은 변화를 위한 가장 위대한 동력이다. 자기 성찰이 깨달음을 꽃피우게 한다.

―

I am not who I think I am; I am not who you think I am; I am who I think you think I am.

(찰스 호턴 쿨리)

나는 내가 생각하는 내가 아니다. 나는 당신이 생각하는 내가 아니다. 나는 내가 당신이 나를 어떻게 생각하는지에 대해 생각하는 바로 그 사람이다.

 awareness 깨달음 agent 대리인 self-reflection 자기 성찰 blossom 꽃피우다

에크하르트 톨레(Eckhart Tolle) : 달라이 라마, 틱낫한과 함께 21세기를 대표하는 영적 교사이다. 불우한 어린 시절에서 시작된 사춘기와 청년기의 극심한 우울증과 몇 번의 자살 시도 끝에 마침내 존재에 고통을 안겨 주는 허구의 자아를 벗어던지고 절망의 나락에서 깨달음의 밝음으로 솟아오르는 내적 변혁을 경험했다.

Day 063 우리는 모두 연결되어 있다

Connection is why we're here; it gives purpose and meaning to our lives.

(브레네 브라운)

연결이 우리가 이곳에 존재하는 이유다. 연결은 우리 삶에 목적과 의미를 부여한다.

—

We are all connected; to each other, biologically. To the earth, chemically. To the rest of the universe, atomically.

(닐 디그래스 타이슨)

우리는 모두 연결되어 있다. 서로에게는 생물학적으로, 지구와는 화학적으로, 우주와는 원자적으로.

 connection 연결 purpose 목적 atomically 원자력적으로

알고리즘(Algorithm) 어원 : 페르시아의 수학자 무함마드 이븐 무사 알콰리즈미(Muhammad ibn Musa al-Khwarizmi)의 이름에서 유래했다. 라틴어로 번역, 전파되면서 algorithmus라는 단어가 생겼다. 초기에는 숫자 계산법이나 절차를 뜻하는 말로 사용되었고, 오늘날에 와서는 문제 해결을 위한 단계적 절차 또는 명령어의 집합을 의미한다.

Day 064 권위적인 부모 아래

Authoritative parenting balances warmth and structure, promoting social competence and self-regulation in children.

(로렌스 스타인버그)

권위 있는 양육은 따뜻함과 규율의 균형을 이루어, 아이들의 사회적 능력과 자기조절 능력을 키워준다.

The authority of parents is the root of all authority.

(중국 속담)

부모의 권위는 모든 권위의 뿌리이다.

 authoritative 권위 있는 structure 구조 promote 촉진하다, 고취하다 competence 능력 self-regulation 자기조절

authority와 비슷한 단어 : authority 공식적이고 법적·제도적인 권력이나 영향력. / power 힘, 지배력, 영향력. / control 통제, 관리하는 힘. / influence 타인이나 상황에 미치는 영향력. / dominance 우위, 지배, 주도권. / sovereignty 주권, 최고 권력. / jurisdiction 관할권, 사법권. / command 명령권, 지휘권. / leadership 지도력, 리더십. / prestige 위신, 명망.

Day 065　보이는 게 전부가 아닌

We delight in the beauty of the butterfly, but rarely admit the changes it has gone through to achieve that essence.

(마야 안젤루)

우리는 나비의 아름다움에 감탄하지만, 나비가 그 본질에 이르기까지 겪어 온 변화들을 좀처럼 인정하지 않는다.

—

What's essential is invisible to the eye.

(『어린 왕자』 중에서)

본질적인 것은 눈에 보이지 않는다.

delight 기쁨　admit 인정하다　essence 본질　invisible 보이지 않는

생텍쥐페리(Antoine de Saint-Exupéry) : 『어린 왕자』의 저자. 프랑스 조종사로서 여러 곳을 비행하며 생생한 경험을 글로 풀어냈다. 『어린 왕자』에 나온 글은 지금까지도 회자되고 있다. '네가 길들인 것에 대해서는 끝까지 책임을 져야 해.(You become responsible, forever, for what you have tamed.)'

 편집증이 주는 망상

Paranoia is the delusion that your enemies are organized.

(아서 D. 홀라바티)

편집증은 네 적들이 조직적으로 움직인다는 망상이다.

Meta cognition is the key to self-directed learning. Knowing how you think allows you to learn more effectively.

(존 플래그)

메타인지는 자기주도 학습의 열쇠다. 자신이 어떻게 생각하는지 아는 것은 더 효과적으로 배우게 해준다.

 meta cognition 메타인지　effectively 효과적으로　paranoia 편집증　delusion 망상
organize (특정한 순서, 구조로) 체계화하다

Date   /   /

메타인지(metacognition) : 자신이 무엇을 아는지 모르는지, 어떻게 배우고 이해하는지를 자각하는 능력이다. 학습과 사고 과정을 점검해 문제 해결을 가능하게 할 뿐 아니라, 감정이나 편견에 휘둘리지 않고 객관적이고 비판적인 사고를 할 수 있도록 도와준다.

Day 067 — 전통은 중요하다

Tradition is not the worship of ashes, but the preservation of fire.

(존 F. 케네디)

전통은 식은 재를 떠받드는 일이 아니라, 꺼지지 않는 불꽃을 이어가는 것이다.

No player is bigger than the club.

(알렉스 퍼거슨)

어떤 선수도 클럽보다 위대할 수 없다.

tradition 전통 ash 재 preservation 보존

Date   /   /

알렉스 퍼거슨(Alex Ferguson) : 맨체스터 유나이티드 축구 감독. 프리미어리그, UEFA 챔피언스리그 등 총 38개의 주요 트로피를 획득했다. 데이비드 베컴, 로이 킨 등 실력 있는 스타라도 팀워크를 해치는 순간 바로 방출시켰다.

Day 068 시너지의 힘

Interdependence is a higher value than independence. Only through mutual reliance can we achieve true synergy.

(스티븐 코비)

상호 의존은 독립보다 더 높은 가치이다. 서로에 대한 신뢰와 의존을 통해서만 우리는 진정한 시너지를 이룰 수 있다.

If you want to go fast, go alone. If you want to go far, go together.

(아프리카 속담)

빨리 가려면 혼자 가고, 멀리 가려면 함께 가라.

 interdependence 상호 의존 independence 독립 mutual 서로의 reliance 의존
synergy 시너지

혁신(Innovation)의 어원 : 라틴어 동사 innovare에서 유래했다. innovare는 '새롭게 하다', '갱신하다', in은 '안으로', '속으로'를 뜻하고, novare는 '새롭다'(novus)에서 파생되었다. innovation은 '무엇인가를 새롭게 도입하거나 변화시키는 행위'를 의미한다. 혁신(革 가죽 혁, 新 새로울 신)은 말 그대로 가죽을 벗겨 새롭게 바꾼다는 뜻으로 근본적인 변화, 새로운 시작을 의미한다.

Day 069 언어의 한계

Language is power, life and the instrument of culture, the instrument of domination and liberation.

(에드워드 사이드)

언어는 권력이며, 삶이며, 문화의 도구이고, 지배와 해방의 도구이기도 하다.

The limits of my language mean the limits of my world.

(루트비히 비트겐슈타인)

내 언어의 한계는 내 세계의 한계를 의미한다.

 instrument 도구   culture 문화   domination 지배   liberation 해방

비트겐슈타인(Ludwig Wittgenstein) : 20세기 가장 영향력 있는 오스트리아 출신 철학자. 언어철학과 논리철학 분야에서 큰 업적을 남겼다. 저서 『논리철학논고』에 따르면, 그는 언어는 세계를 그림처럼 나타내는 역할을 한다고 주장한다. 언어의 구조는 현실 세계의 구조와 대응해야 의미가 있다고 주장하는 것이다. 철학을 새로운 이론을 만드는 학문이 아니라, 언어의 혼동을 풀어내는 작업이라고 생각했다.

 인생은 손짓 하나에 바뀌기도

Too often we underestimate the power of a touch, a smile, a kind word, all of which have the potential to turn a life around.

(레오 버스카글리아)

우리는 너무 자주 손짓 하나, 미소 하나, 친절한 말 한마디가 인생을 바꿀 수 있는 힘이 있다는 것을 과소평가한다.

—

Empathy is seeing with the eyes of another, listening with the ears of another, and feeling with the heart of another.

(칼 로저스)

공감은 타인의 눈으로 보고, 타인의 귀로 듣고, 타인의 마음으로 느끼는 것이다.

 empathy 공감 underestimate 과소평가하다 potential 가능성

empathy와 sympathy : empathy 감정을 내 감정처럼 함께 느끼는 공감. / sympathy 상대의 감정을 이해하고 안타까워하는 동정심. 내 감정과는 별개의 감정. '나는 그 재해로 피해입은 사람들을 동정한다.(I feel sympathy for those affected by the disaster.)'

Day 071 놀이에서 배우는 것

Play is the highest expression of human development in childhood, for it alone is the free expression of what is in a child's soul.

(프리드리히 프뢰벨)

놀이야말로 어린 시절 인간 발달의 가장 높은 표현이다. 왜냐하면 놀이만이 아이 영혼 속에 있는 것을 자유롭게 표현할 수 있기 때문이다.

Peace is not the absence of conflict, but the ability to handle conflict by peaceful means.

(로널드 레이건)

평화는 갈등이 없는 상태가 아니라, 갈등을 평화롭게 해결하는 것이다.

 human development 인간 발달 soul 영혼 absence 부재 conflict 갈등

로널드 레이건(Ronald Reagan) : 미국의 배우 출신 대통령. 레이거노믹스(Raeganomics)라 불리는 감세와 규제 완화 정책을 추진해 경제 성장에 기여했다. 당시 소련과의 긴장 완화 및 군비 경쟁 강화로 냉전 종식에 일정한 역할을 했다. 보수주의 가치와 강력한 리더십 이미지로 많은 지지를 받았다. 배우 출신답게 대중 연설 능력이 뛰어났다.

Day 072 친구는 닮는다 ──────────

You are the average of the five people you spend the most time with.

(짐 론)

당신은 가장 많은 시간을 보내는 다섯 사람의 평균이다.

—

A friend is someone who knows all about you and still loves you.

(에메리히 카프카)

친구란 당신의 모든 것을 알면서도 여전히 당신을 사랑해 주는 사람이다.

 average 평균의 spend time with 시간을 함께 보내는

Date   /   /

friend 어원 : 고대 게르만어 'frijaz'에서 유래. 이 단어는 '자유로운, 사랑받는 이'라는 뜻. 이 어원은 고대 영어 'frēond'를 거쳐 오늘날의 'friend'가 되었다. friend는 결국 '사랑하는 사람' 또는 '사랑받는 사람'이라는 의미에서 비롯된 것이며, 우리는 이런 사람을 친구라고 말한다.

Day 073 세상의 양 끝

Polarization is not a problem to solve; it is a reality to navigate.

(에즈라 클라인)

양극화는 해결해야 할 문제가 아니라 우리가 헤쳐 나가야 할 현실이다.

Overcoming poverty is not a gesture of charity, it is an act of justice. Inequality in the world is the greatest challenge of our time.

(넬슨 만델라)

빈곤을 극복하는 것은 자선의 행위가 아니라 정의의 실천이다. 세상의 불평등은 우리 시대 가장 큰 도전이다.

  overcome 극복하다 gesture 표시, 표현 charity 자선 inequality 불평등
polarization 양극 navigate 길을 찾다

polarization(양극화) : polar는 라틴어 polus에서 왔다. 북극, 남극처럼 '극'이라는 뜻이다. 영어에서 polar는 '극과 관련된, 반대되는 두 극'이라는 의미로 쓰인다. 여기에 접미사가 붙어 양극화, 극단화라는 단어가 되었다.

Day 074 닮고 싶은 사람

A role model isn't someone you look up to; it's someone you learn from and emulate in your own way.

(오프라 윈프리)

롤모델은 단지 존경하는 사람이 아니라, 당신이 배우고 자신만의 방식으로 본받는 사람이다.

―

The greatest way to live with honor in this world is to be what we pretend to be.

(소크라테스)

이 세상에서 명예롭게 사는 최고의 방법은 우리가 꾸며낸 바로 그 사람이 되는 것이다.

 role model 롤모델 look up to ~을 존경하다 emulate 모방하다

Date   /   /

Role model : 본보기, 본받고 싶은 사람, 모범이 되는 사람. '롤모델은 가르치는 것보다 자신의 모습으로 더 많이 가르친다.(A role model teaches more by what he is than what he teaches.)'

Day 075 진정한 참회란

The heart that seeks forgiveness finds the path of atonement.

(존 밀턴)

용서를 구하는 마음에 속죄의 길이 열린다.

—

True remorse is never just regret for consequences; it is a change of heart.

(존 거스트너)

진정한 참회는 단지 결과에 대한 후회가 아니다. 마음의 변화이다.

 seek 찾다 forgiveness 용서 atonement 속죄 remorse 참회 consequence 결과

『**속죄**(Atonement)』: 1930년대 영국을 배경으로 한 이안 매큐언의 소설. 어린 소녀 브라이오니가 오해와 거짓 증언으로 인해 한 가족의 운명을 엎어놓은 사건으로 시작한다. 이 잘못된 행동으로 인해 일어난 참혹한 결과와, 그로부터 비롯된 참회와 속죄의 심리적 고통을 섬세하게 그렸다. 2007년에 키이라 나이틀리가 주연으로 등장한 동명의 영화가 큰 인기를 얻었다.

Day 076　의미 있는 일
Day 077　노력을 대체할 수 있는 것은 없다
Day 078　그림은 언제 완성되는가
Day 079　혁신을 하다 보면
Day 080　시간을 관리하는 법
Day 081　좋은 아이디어
Day 082　글 잘 쓰는 법
Day 083　잠재력을 발휘하려면
Day 084　아무리 천천히 가더라도
Day 085　호기심이라는 강력한 동력
Day 086　습관의 힘
Day 087　라이벌은 나의 스승
Day 088　컨디션 관리가 최고의 자기관리
Day 089　충분한 잠
Day 090　더 자세하고 생생하게
Day 091　힘든 시기가 당신을 주저앉힐 수는 있어도
Day 092　미래를 위한 저축
Day 093　몰입, 그 완벽한 순간
Day 094　자기 절제란
Day 095　건강한 습관 만들기
Day 096　확인 버튼을 누르기 전에
Day 097　매일 1%씩 나아진다면
Day 098　꿈을 실현하려면
Day 099　창의력에 대한 이해
Day 100　위험을 감수한다는 것

마법의 영어 필사 4

성장의 다짐

 의미 있는 일

A meaningful life is not found in comfort, but in the courage to face suffering with dignity.

(빅터 프랭클)

의미 있는 삶은 안락함 속에서 발견되는 것이 아니라, 고통을 존엄하게 마주하는 용기 속에서 발견된다.

—

Pleasure in the job puts perfection in the work.

(아리스토텔레스)

일에서 느끼는 즐거움이 일의 완성도를 높인다.

 dignity 존엄 pleasure 기쁨 perfection 완벽, 완성

안락사와 존엄사 : 안락사(安樂死)와 존엄사(尊嚴死)는 모두 불치병 환자의 죽음과 관련이 있지만, 법적인 의미에서 명확한 차이가 있다. 안락사(Euthanasia)는 적극적인 행위로 죽음을 앞당기는 것이며, 존엄사(Death with Dignity)는 무의미한 연명치료를 중단하는 것. 한국에서 안락사는 불법이며 존엄사는 합법이다.

Day 077 노력을 대체할 수 있는 것은 없다

Talent is cheaper than table salt. What separates the talented individual from the successful one is a lot of hard work.

(스티븐 킹)

재능은 식탁 소금보다 흔하다. 재능 있는 사람과 성공한 사람을 가르는 것은 엄청난 노력이다.

There is no substitute for hard work.

(토마스 에디슨)

노력을 대체할 수 있는 것은 없다.

 cheaper than ~보다 싸다　give up 포기하다　substitute 대신하다　hard work 노력

successful의 어원 : successful은 라틴어 succedere에서 파생되었고, 그 뜻은 결과적인 성공에 방점이 찍혀 있다. successive 역시 어원은 같지만 '연속적인', '순차적인' 이란 뜻으로 계승의 의미가 강하다. 결국 successful과 successive의 명사형인 success는 결과와 과정을 모두 포함하고 있는 단어인 셈이다.

Day 078   그림은 언제 완성되는가

A painting is never finished — it simply stops in interesting places.

(폴 가드너)

그림은 절대 완성되지 않는다 — 다만 흥미로운 지점에서 멈출 뿐이다.

Painting is a faith, and it imposes the duty to disregard public opinion.

(빈센트 반 고흐)

그림은 하나의 신념이며, 그것은 세상의 여론을 무시해야 한다는 의무를 부여한다.

  faith 신념, 믿음   impose 도입하다, 시행하다   disregard 무시하다   public opinion 여론

김환기 : 한국에서 가장 그림값이 비싼 현대 화가. 2019년 홍콩 크리스티 경매에서 김환기의 그림이 약 132억 원(1,319만 달러)에 낙찰되었다. 경매가 1위의 한국 화가이며, 작고한 지 오래되어 유통하는 작품의 수가 적다. 한국 추상화의 선구자이자 동서양의 화풍을 결합한 인물이다. 점화 시리즈로 유명하다.

Day 079 혁신을 하다 보면

Sometimes when you innovate, you make mistakes. It is best to admit them quickly, and get on with improving your other innovations.

(스티브 잡스)

혁신을 하다 보면 가끔 실수를 저지른다. 그럴 땐 실수를 빨리 인정하고, 다른 혁신을 개선하는 데 집중하는 것이 가장 좋다.

—

Failure is an option here. If things are not failing, you are not innovating enough.

(일론 머스크)

실패는 여기에서 하나의 선택지다. 만약 아무것도 실패하지 않는다면, 당신은 충분히 혁신하지 않고 있는 것이다.

 option 선택지   innovate 혁신하다   enough 충분히   improve 개선되다

니콜라 테슬라(Nicola Tesla) : 미국 자율주행 자동차 회사 테슬라(TESLA)는 회사명을 세르비아 과학자인 니콜라 테슬라에서 가져왔다. 니콜라는 미국 수소 자동차 회사 이름이며 최근에 상장이 폐지되면서 미국 나스닥 시장에서 퇴출되었다.

Day 080 시간을 관리하는 법

Time is the scarcest resource and unless it is managed, nothing else can be managed.

(피터 드러커)

시간은 가장 희소한 자원이며, 그것을 관리하지 못한다면 그 어떤 것도 관리할 수 없다.

―

Don't watch the clock; do what it does. Keep going.

(샘 레븐슨)

시계를 보지 말고, 시계처럼 움직여라. 계속 나아가라.

scarce 희소한　resource 자원　else 다른　manage 관리하다

pockets of time : 짧고 틈틈이 생기는 자투리 시간, 틈새 시간(=niche time). 자투리 시간. '나는 자투리 시간을 활용해서 영어 필사를 한다.(I make the most of my pockets of time by doing English dictation.)'

Day 081 좋은 아이디어

The value of a good idea lies in the using of it.

(토마스 에디슨)

좋은 생각의 가치는 그것을 실천할 때 드러난다.

―

The best way to have a good idea is to have a lot of ideas.

(라이너스 폴링)

좋은 아이디어를 얻는 가장 좋은 방법은 많은 아이디어를 내보는 것이다.

 value 가치 idea 아이디어, 생각

idea 어원 : 고대 그리스어 'idéā(이데아)'가 어원. '보다'라는 뜻의 동사 'idein'에서 파생되었고 'idéā'는 '보여지는 것', '형태', '모습'을 의미한다. 철학자 플라톤은 눈에 보이는 현상 세계의 근원인 '본질적인 형태'나 '이상적인 원형'을 '이데아'라고 불렀다. 이러한 의미가 라틴어 'idea'를 거쳐 오늘날의 'idea'가 되었다. 결국 'idea'는 '보이는 것에서 시작된 생각'이라는 개념이 담겨 있다.

Day 082 　글 잘 쓰는 법

Almost all good writing begins with terrible first efforts. You need to start somewhere.

(앤 라모트)

거의 모든 좋은 글쓰기는 형편없는 첫 시도에서 시작된다. 어디선가부터 시작해야 한다.

The art of writing is the art of discovering what you believe.

(귀스타브 플로베르)

글쓰기란 당신이 무엇을 믿는지 발견하는 예술이다.

　almost 거의　writing 글쓰기　terrible 형편없는

작가 한강 : 한국 작가 한강이 노벨문학상을 수상한 이유는 '역사적 트라우마에 맞서는 강렬한 시적 산문(Intense poetic prose that confronts historical traumas and exposes the fragility of human life)'에 있다. 그동안 육체와 영혼, 삶과 죽음의 연결성을 탐구한 문학적 성취를 인정받은 셈이다. 『채식주의자(The Vegetarian)』 『소년이 온다(Human Acts)』 『흰(The White Book)』 『희랍어 시간(Greek Lessons)』 등으로 유명하며 『채식주의자』는 2016년 국제부커상 수상작이다.

Day 083 잠재력을 발휘하려면

If we did all the things we are capable of, we would literally astound ourselves.

(토마스 에디슨)

우리가 우리의 능력을 온전히 발휘한다면, 그 결과에 우리가 스스로 깜짝 놀랄 것이다.

—

Life is either a daring adventure or nothing at all.

(헬렌 켈러)

인생은 대담한 모험이거나 아무것도 아니다.

 literally 말 그대로 astound 경악시키다 daring 대담한, 위험한 adventure 모험

헬렌 켈러(Helen Keller)와 앤 설리번(Anne Sullivan) : 헬렌 켈러는 생후 19개월이 되었을 즈음 열병으로 시청각 능력을 모두 잃었다. 7살에 앤 설리번 선생님의 지도로 손바닥에 철자 써주기 방식으로 언어를 배우기 시작했다. 이후 점자, 발음 훈련, 타이핑 등을 익혀 하버드 계열의 래드클리프 대학을 졸업했다. 그 이후 세계적 작가, 연설가, 사회운동가로 성장하여 활동하였다. 저서로는 『사흘만 볼 수 있다면』 『내가 살아온 이야기』 『어둠에서 빛으로』 등이 있다.

아무리 천천히 가더라도

No matter how slow you go, keep going.

(공자)

아무리 천천히 가더라도 계속 가라.

—

A jug fills drop by drop. Patience is the key to long-term success.

(부처)

항아리는 물방울이 한 방울 한 방울 모여 채워진다. 인내야말로 장기적인 성공의 열쇠이다.

 jug 항아리 drop 방울 long-term 장기간 success 성공

공자(孔子) : 춘추 시대의 사상가, 중국 역사상 가장 위대한 성인 중 한 명으로 꼽힌다. 중국 최초로 신분 관계없이 제자를 받아들였으며, 그의 사상은 유교(儒敎)의 토대가 되어 동아시아 전반에 걸쳐 지대한 영향을 미쳤다. 혼란했던 춘추 시대에 무너진 사회 질서와 도덕성을 회복하는 것을 목표로 했으며, 인(仁), 예(禮), 덕치(德治)를 핵심 개념으로 내세웠다. 제자들은 공자의 가르침을 기록으로 남겼는데, 이것이 바로 『논어(論語)』이다.

Day 085 호기심이라는 강력한 동력

We keep moving forward, opening new doors, and doing new things, because we're curious and curiosity keeps leading us down new paths.

(월트 디즈니)

우리는 앞으로 나아가며 새로운 문을 열고, 새로운 일을 시도한다. 그것은 우리가 호기심을 가지고 있고, 그 호기심이 우리를 끊임없이 새로운 길로 이끌어주기 때문이다.

—

Curiosity is the wick in the candle of learning.

(윌리엄 아서 워드)

호기심은 배움이라는 촛불의 심지이다.

 curiosity 호기심 wick 심지 candle 촛불 learning 배움

월트 디즈니(Walt Disney) : 미국의 애니메이터, 영화 감독, 월트 디즈니 컴퍼니 창립자. 1937년 최초의 장편 애니메이션 영화 「백설 공주와 일곱 난쟁이」를 제작하여 큰 성공을 거두었다. 1955년, 미국 캘리포니아에 디즈니랜드를 개장하며 테마파크 산업의 새로운 지평을 열었다. 미키 마우스를 창조한 그는 '모든 것은 생쥐 한 마리에서 시작되었다는 것을 기억하라.(Remember that all of this started with a mouse.)'는 말을 남겼다.

Day 086 습관의 힘

First we make our habits, then our habits make us.

(찰스 C. 노블)

처음에는 우리가 습관을 만들지만, 이후로는 그 습관이 우리를 만든다.

The greatest discovery of my generation is that a human being can alter his life by altering his attitudes.

(윌리엄 제임스)

내 세대가 이룬 가장 위대한 발견은, 인간이 자신의 태도를 바꿈으로써 삶을 바꿀 수 있다는 것이다.

 generation 세대 alter 바꾸다 attitude 태도 habit 습관

콜드 터키(cold turkey) : 차갑고 밋밋한 칠면조처럼 중간 과정 없이 나쁜 습관이나 중독을 급작스럽게 끊어내는 것을 말한다. 행동심리학에 따르면, 습관을 들이거나 깨는 것은 점진적인 과정을 거쳐야 하는데 습관을 바꾸는 데는 18일에서 254일까지 걸릴 수 있으며, 평균적으로는 약 66일이 걸린다고 한다.

Day 087 라이벌은 나의 스승

My attitude is that if you push me towards something that you think is a weakness, then I will turn that perceived weakness into a strength. A rival can bring out your best.

(마이클 조던)

누군가 나를 약점이라고 생각하는 방향으로 밀어붙인다면, 나는 그 약점으로 여겨진 것을 강점으로 바꾸는 것이 내 자세다. 경쟁자는 오히려 내 최고의 모습을 끌어낼 수 있다.

—

Don't compete with others; compete with yourself.

(밥 프록터)

남과 경쟁하지 말라. 자기 자신과 경쟁하라.

 weakness 약점 perceive 감지하다, 인지하다 rival 라이벌 bring out 끌어내다

라이벌(rival) 어원 : 라틴어 rivalis에서 나온 말로, 같은 강을 공유하는 사람이라는 뜻이다. 고대에는 농업이나 생활용수를 위해 시냇물이나 강물을 공유하는 사람들이 많았고, 경쟁을 벌일 수밖에 없었다. 이런 맥락에서 영어 rival로 들어오면서 경쟁자라는 의미로 발전하였다.

컨디션 관리가 최고의 자기관리

Almost everything will work again if you unplug it for a few minutes, including you. Self-care is pausing to recharge.

(아네트 부디아)

거의 모든 것은 몇 분만 전원을 꺼도 다시 작동한다. 당신도 마찬가지다. 자기 관리란 잠시 멈추어 재충전하는 것이다.

―

Take care of your body. It's the only place you have to live.

(짐 론)

몸을 잘 돌봐라. 네가 살아야 할 유일한 곳이다.

 pause 멈추다   recharge 재충전하다

Date   /   /

Ups and downs : 성공과 실패, 좋은 시기와 어려운 시기를 뜻하는 표현이다. Highs and lows 감정이나 상황의 최고점과 최저점. / The ebb and flow 밀물과 썰물처럼 주기적으로 오가는 변화. / Roller coaster ride 감정이나 상황이 급격히 변하는 경험.

Day 089　충분한 잠

Sleep is that golden chain that ties health and our bodies together.

(토마스 데커)

수면은 건강과 우리의 몸을 하나로 이어주는 황금 사슬이다.

—

A good laugh and a long sleep are the best cures in the doctor's book.

(아일랜드 속담)

좋은 웃음과 충분한 잠이 의사의 최고 처방이다.

golden 황금의   health 건강   laugh 웃음   cure 치유법

수면을 돕는 음식 : 체리는 천연 멜라토닌을 함유하고 있고, 수면 호르몬을 촉진한다. 바나나는 마그네슘과 칼륨이 근육 이완과 숙면에 도움을 준다. 우유는 트립토판이 함유되어 있어 세로토닌과 멜라토닌 생성에 도움을 준다. 호두에는 멜라토닌과 오메가-3, 지방산이 풍부하다. 귀리는 멜라토닌과 마그네슘의 공급원이다. 상추는 락투카리움(lactucarium) 성분이 풍부하여 자연의 수면제라고 불린다.

 더 자세하고 생생하게

Don't tell me the moon is shining; show me the glint of light on broken glass.

(안톤 체호프)

달이 빛난다고 말하지만 말고, 깨진 유리 조각 위에 반짝이는 빛을 보여줘라.

—

Quality means doing it right when no one is looking. That starts with clear specifications.

(헨리 포드)

품질이란 아무도 보고 있지 않을 때도 올바르게 해내는 것이다. 그것은 명확한 기준에서 시작된다.

 specification 사양 glint 반짝임 broken 깨진

안톤 체호프(Anton Pavlovich Chekhov) : 러시아 출생 소설가. 의사, 극작가로도 활동했다. 등장인물의 감정을 그들이 처한 상황이나 환경을 자세히 묘사함으로써 독자가 짐작하게 만든다. 대표작으로 『갈매기』『세 자매』『벚꽃 동산』이 있으며 일상 속 무력감과 갈망을 통해 인간성을 포착했고 현대극의 새 장을 연 작품을 집필했다.

Day 091 힘든 시기가 당신을 주저앉힐 수는 있어도

Hard times may have held you down, but they will not last forever.

(조엘 오스틴)

힘든 시기가 당신을 주저앉힐 수는 있어도, 그것이 영원하지는 않다.

—

Character cannot be developed in ease and quiet. Only through experience of trial and suffering can the soul be strengthened, ambition inspired, and success achieved.

(헬렌 켈러)

인격은 안락함과 고요 속에서는 길러질 수 없다. 오직 시련과 고통의 경험을 통해서만 영혼은 강해지고, 야망은 북돋워지며, 성공이 이루어진다.

 develop 발전하다 ease 안락함 trial 시련 ambition 야망

No pain, no gain. : 고통 없이 얻는 것은 없다. 이 말의 최초 창안자는 미국 정치가 벤자민 프랭클린으로 유추할 수 있는데, 그의 1734년 저서 『가난한 리처드의 연감(Poor Richard's Almanack)』에서 유사한 표현을 찾을 수 있다. '고통 없이 얻는 것은 없다.(There are no gains without pains.)'

Day 092 미래를 위한 저축

Beware of little expenses; a small leak will sink a great ship.

(벤자민 프랭클린)

사소한 지출을 조심하라. 작은 구멍이 거대한 배를 가라앉힐 수 있다.

Do not save what is left after spending, but spend what is left after saving.

(워런 버핏)

쓰고 남은 것을 저축하지 말고, 저축하고 남은 것을 쓰라.

 expense 지출 leak (액체, 기체가) 새는 틈 sink 가라앉다 ship 배

『누가 내 치즈를 옮겼을까?(Who Moved My Cheese?)』: 스펜서 존슨((Spencer Johnson)의 우화 형식의 자기계발서. 여기서 치즈는 우리 삶에서 원하는 것들, 즉 성공, 행복, 보상 심리, 부 등을 상징한다. 워런 버핏은 2005년 버크셔 해서웨이 연례 주주 서한에서 이 책을 언급한 적이 있다.

Day 093 몰입, 그 완벽한 순간

Clarity about what matters provides clarity about what does not. Deep work requires complete immersion.

(칼 뉴포트)

무엇이 중요한지에 대한 명확함은 무엇이 중요하지 않은지도 분명히 알려준다. 깊은 몰입은 완전한 집중을 필요로 한다.

―

The sun's rays do not burn until brought to a focus.

(알렉산더 그레이엄 벨)

태양광도 한곳에 모일 때 비로소 불을 낸다.

clarity 명확함 require 필요로 하다 complete 완전한 immersion 몰입, 몰두

미하이 칙센트미하이(Mihaly Csikszentmihalyi) : 헝가리 출신의 심리학자. 몰입 이론 창시자. 몰입이란 어떤 활동에 완전히 몰두하게 되어 시간의 흐름을 잊고, 깊은 만족감과 성취감을 느끼는 심리 상태를 뜻한다. 이 개념은 창의성, 성취, 행복, 자기실현 등의 핵심 요소로 여겨지며, 교육, 예술, 스포츠, 직장 등 다양한 분야에 응용되고 있다. 저서로는 『몰입(Flow)』이 있다.

Day 094 — 자기 절제란

It is the mark of an educated mind to be able to entertain a thought without accepting it. Self-discipline is the key to control impulses.

(아리스토텔레스)

교육받은 정신의 특징은 어떤 생각을 받아들이지 않고도 숙고할 수 있는 능력이다. 자기 절제는 충동을 다스리는 데 있어 핵심 열쇠이다.

—

Discipline is choosing between what you want now and what you want most.

(에이브러햄 링컨)

자기 절제란 지금 당장 원하는 것과 가장 원하는 것 사이에서 선택하는 것이다.

 entertain 접대하다, 즐겁게 해 주다 accept 받아들이다 self-discipline 자기 절제 control 통제하다 impulse 충동

알렉산더 대왕(Alexander the Great) : 고대 그리스 마케도니아 왕국의 왕이자 역사상 가장 위대한 정복자. 20세의 나이에 왕위에 올라 10년 만에 서쪽의 그리스부터 동쪽의 인도 북서부에 이르는 거대한 제국을 건설했다. 아리스토텔레스는 알렉산더 대왕의 아버지 필리포스 2세의 요청으로 알렉산더 대왕에게 철학, 정치학, 윤리학, 문학, 과학 등 다양한 분야를 가르쳤다.

건강한 습관 만들기

Exercise is king, nutrition is queen, put them together and you have a kingdom.

(잭 라렌스)

운동은 왕이고, 영양은 여왕이다. 이 둘을 합치면 완벽한 건강 왕국이 된다.

—

Movement is a medicine for creating change in a person's physical, emotional, and mental states.

(캐롤 웰치)

움직임은 사람의 신체적, 정서적, 정신적 상태에 변화를 일으키는 약이다.

 exercise 운동 nutrition 영양 kingdom 왕국 physical 신체적인 emotional 정서적인 mental 정신적인 state 상태

Behavior와 Movement : Behavior 행동, 태도. 사람이나 동물이 환경에 반응하는 전체적인 행동 방식. 의식적, 무의식적인 습관이나 태도까지 포함한다. '흡연은 나쁜 건강 행동이다.(Smoking is a bad health behavior.)' / Movement 움직임, 동작. 주로 신체의 물리적인 움직임이나 동작을 가리킨다. '신체 움직임은 건강에 중요하다.(Physical movement is important for health.)'

 확인 버튼을 누르기 전에

Measure twice, cut once.

(영국 속담)

두 번 재고, 한 번에 잘라라.

Everything we hear is an opinion, not a fact. Everything we see is a perspective, not the truth. Reflect and contemplate before judgment.

(마르쿠스 아우렐리우스)

우리가 듣는 모든 것은 사실이 아니라 의견이다. 우리가 보는 모든 것은 진리가 아니라 관점이다. 판단하기 전에 성찰하고 깊이 생각하라.

 opinion 의견 perspective 관점 contemplate 고려하다, 생각하다 judgement 판단

Date   /   /

마르쿠스 아우렐리우스(Marcus Aurelius) : 로마 제국의 제16대 황제이자, 스토아 철학자로 알려진 인물. 로마의 평화 시대인 팍스 로마나(Pax Romana)를 완수한 공로가 있다. 그가 철학자 반열에 오른 것은 일기장이라 할 수 있는 『명상록(Meditations)』 때문인데 여기에는 외부의 상황에 흔들리지 않고 내면의 평정을 유지하며, 이성과 덕을 추구하는 내용이 담겨져 있다.

Day 097 매일 1%씩 나아진다면

Renew thyself completely each day; do it again, and again, and forever again.

(헨리 데이비드 소로)

매일 자신을 완전히 새롭게 하라. 다시 또 다시, 그리고 영원히 반복하라.

Growth is the great separator between those who succeed and those who do not. When I see a person beginning to separate themselves from the pack, it's almost always due to growth.

(존 맥스웰)

성장은 성공하는 사람과 그렇지 않은 사람을 가르는 가장 큰 기준이다. 누군가가 무리에서 두각을 나타내기 시작하면, 그것은 거의 항상 성장 때문이다.

 separator 분리기 succeed 성공하다 due to ~에 기인하는 renew 다시 새롭게 하다

『월든(Walden)』 : 미국의 사상가이자 작가 헨리 데이비드 소로(Henry David Thoreau)가 1854년에 발표한 자서전적 에세이 겸 자연철학서. 당시 급격한 산업화와 도시화 속에서 물질주의와 사회적 관습에 대한 비판이 담겨있다. 자연 속에서 단순하게 살며, 스스로를 끊임없이 새롭게 하고 성장하는 삶의 중요성을 담았다.

Day 098   꿈을 실현하려면 ────────────

I write entirely to find out what I'm thinking, what I'm looking at, what I see and what it means.

(조니 미첼)

나는 내가 무엇을 생각하고, 무엇을 바라보고, 무엇을 보고 있으며, 그것이 무엇을 의미하는지 알아내기 위해 글을 쓴다.

―

Journal writing is a voyage to the interior.

(크리스티나 볼드윈)

일기 쓰기는 내면으로 떠나는 여행이다.

   entirely 완전히, 전적으로   journal 일기   voyage 여행   interior 내면적으로

Date   /   /

Journal writing : 일기 쓰기 또는 저널 쓰기를 의미한다. Diary 하루하루 일어난 일, 감정을 기록하는 개인적인 글. / Journal 생각, 아이디어, 계획, 감정 등 더 폭넓은 내용을 적는 기록. 문맥에 따라 학술지, 기록부, 장부란 뜻도 있다.

 창의력에 대한 오해

Creativity is thinking up new things. Innovation is doing new things.

(케빈 애쉬튼)

창의력은 새로운 것을 생각하는 것이고, 혁신은 그것을 실제로 해내는 것이다.

—

Think left and think right and think low and think high. Oh, the things you can think up if only you try!

(닥터 수스)

왼쪽도 생각하고, 오른쪽도 생각하고, 아래도, 위도 생각해 보자. 시도하기만 한다면 생각할 수 있는 게 얼마나 많은데!

 creativity 창의성 think 생각하다

닥터 수스(Dr. Seuss) : 미국의 작가이자 일러스트레이터. 운율이 있는 그림책과 독특한 상상력으로 유명하다. 대표작으로는 『모자 쓴 고양이(The Cat in the Hat)』『그린치가 크리스마스를 훔친 날!(How the Grinch Stole Christmas!)』등이 있다. 「그린치」라는 애니메이션 영화도 만들어졌는데 영국 영화배우 베네딕트 컴버배치(Benedict Cumberbatch)가 직접 더빙했다.

Day 100 · 위험을 감수한다는 것

The biggest risk is not taking any risk. In a world that is changing quickly, the only strategy that is guaranteed to fail is not taking risks."

(마크 저커버그)

가장 큰 위험은 아무런 위험도 감수하지 않는 것이다. 빠르게 변화하는 세상에서 실패가 보장된 유일한 전략은 위험을 감수하지 않는 것이다.

―

Only those who will risk going too far can possibly find out how far one can go.

(T.S 엘리엇)

아주 멀리 나아갈 위험을 감수하는 사람만이 자신이 얼마나 멀리 갈 수 있는지 알 수 있다.

 risk 위험 strategy 전략 guarantee 보장하다 possibly 아마

T.S. 엘리엇(T.S. Eliot) : 20세기 초중반의 영국계 미국인 시인이자 극작가. 1948년 노벨문학상 수상자이기도 하다. 대표작은 시집 『황무지(The Waste Land)』 『네 번의 사중주(Four Quartets)』가 있다. 그는 모더니즘 시의 대표 주자로, 복잡하고 상징적인 언어를 사용하면서 역사와 문화, 종교적 주제를 융합한다는 특징이 있다.